Julia Rosendahl

Konzentrationstraining – einfach und differenziert

Materialsammlung für Schüler mit sonderpädagogischem Förderbedarf

PERSEN

Die Autorin Julia Rosendahl arbeitet als Lehrerin an einer Schule mit dem Förderschwerpunkt körperliche und motorische Entwicklung. Sie ist Autorin mehrerer erfolgreicher Veröffentlichungen beim Persen Verlag.

Gedruckt auf umweltbewusst gefertigtem, chlorfrei gebleichtem und alterungsbeständigem Papier.

3. Auflage 2017

Grafik: Barbara Gerth, Julia Flasche (Arbeitspiktogramme), Jennifer Spry (Würstchen S. 28), Mele Brink (Ballon S. 28, 46), Tania Schnagl (Zaun S. 41)
Satz: Satzpunkt Ursula Ewert GmbH, Bayreuth

ISBN: 978-3-403-23508-8

www.persen.de

1. Einleitung

„Konzentration ist keine reine Willenssache.“ Dieser Satz kann Ihnen als Lehrer* beim Verständnis für die Schüler helfen, die im Unterrichtsalltag immer wieder durch leichtere oder auch massive Störungen, schnelle Ablenkbarkeit, kurze Ausdauer, wenig Motivation, schnelles Ermüden, geringe Frustrationstoleranz sowie häufige Aktivitätenwechsel auffallen.

Liegen bei Kindern Beeinträchtigungen im Bereich der Konzentration vor, kann dies erhebliche Auswirkungen auf die allgemeinen schulischen Leistungen haben. Die Fähigkeit sich auf einen bestimmten Sachverhalt konzentrieren zu können, stellt eine wesentliche Grundvoraussetzung für Lernprozesse dar. Erst wenn ein Kind in der Lage ist, seine Aufmerksamkeit für eine gewisse Zeit zu fokussieren (sowohl im visuellen als auch im auditiven Bereich), ist es in der Lage Lerninhalte kurz- und langfristig zu verinnerlichen. Ein spezielles Konzentrationstraining ist daher äußerst sinnvoll, um die Ausdauer und Anstrengungsbereitschaft sowie auch die Gedächtnisleistungen von Kindern sukzessive zu steigern.

Hinweise zum Material

Die vorliegenden Materialien sollen dazu beitragen, die Konzentrationsfähigkeit Ihrer Schüler zu trainieren und mit Hilfe motivierender Aufgabenformate, Ausdauer und Anstrengungsbereitschaft im Bereich der Konzentration anzubahnen, aufzubauen und zu erweitern. Dabei bieten sich im schulischen Rahmen unterschiedliche Modelle der Konzentrationsförderung an:

- Es können kleine, gezielte Übungen und Arbeitsblätter für Zwischendurch ausgewählt werden, die bei Bedarf in einem bestimmten zeitlichen Rahmen bearbeitet werden sollen. Auch das Einbinden in Phasen des Offenen Unterrichts (wie z. B. Wochenplan- und Freiarbeit) sind eine mögliche Variante.

- Ein kurzes tägliches Konzentrationstraining mit der gesamten Klasse, das auch als ein solches benannt wird, schafft bei den Schülern Verständnis für eine bewusste Förderung. Es kann zum Beispiel zu Unterrichtsbeginn oder am Anfang einer neuen Lernphase mit einer kurzen Arbeitsphase oder einem gemeinsamen Spiel (siehe Kapitel 3) begonnen werden. Dazu kann vorab von der Lehrkraft aus den vorliegenden Materialien ein Hefter mit den unterschiedlichsten Aufgabenformaten erstellt werden, der die individuellen Lernvoraussetzungen eines jeden Schülers berücksichtigt.

- Soll die Konzentration gezielt und intensiv gefördert werden, sollte das Training als Unterrichtsschwerpunkt in den Fokus gestellt werden. Dies kann beispielsweise im Rahmen einer kompletten Unterrichtsreihe zur Konzentration geschehen. Hierbei setzen sich die Kinder bewusst mit ihrer eigenen Konzentrationsfähigkeit auseinander, lernen gemeinsam verschiedene Spiele und Übungen kennen, die nicht nur ihre Fähigkeit zur Aufmerksamkeit und Anstrengungsbereitschaft schulen, sondern auch noch Spaß bringen. Darüber hinaus können die Arbeitsblätter aus diesem Band im Rahmen von Lerntheken oder wie oben be-

* Wir sprechen hier wegen der besseren Lesbarkeit von Schülern bzw. Lehrern in der verallgemeinernden Form. Selbstverständlich sind auch alle Schülerinnen und Lehrerinnen gemeint.

schrieben in Form von individuell zusammengestellten Heftern, die sowohl Lernwege vorgeben als auch Lernerfolge dokumentieren, angeboten werden.

Da der Bereich der Konzentrationsförderung sehr umfassend und komplex ist, werden in diesem Band verschiedene Teilaspekte berücksichtigt, die sich in folgenden Unterkapiteln in vielfältigen Aufgaben wiederfinden.

1. Ausdauer und Anstrengungsbereitschaft
2. Visuelle Konzentration
3. Auditive Konzentration
4. Gedächtnisleistung
5. Logisches Denken
6. Sprachlicher Bereich
7. Mathematischer Bereich

Die verschiedenen Teilaspekte der Konzentrationsförderung sind teilweise kombiniert mit Aufgaben aus den Fächern Deutsch/Sprache und Mathematik, welche in den beiden letzten Kapiteln noch einmal explizit aufgegriffen werden.

Die hier zusammengestellten Materialien berücksichtigen unterschiedliche Schwierigkeitsstufen. Sie sind in der Regel nach ansteigendem Schwierigkeitsgrad angeordnet und können je nach Voraussetzungen Ihrer Schüler sowohl differenzierend als auch aufeinander aufbauend eingesetzt werden.

Am Ende des Buches findet sich außerdem eine Sammlung an Übungs- und Spielideen zur Konzentrationsförderung im Unterricht.

Male das Bild an.

□ = rot ○ = schwarz △ = grün

Male das Bild an.

● = blau ●● = gelb ●●● = braun ●●●● = grün

Male das Bild an.

M = blau W = grün A = gelb N = orange K = lila

Male das Bild an.

der = rot die = gelb das = grün

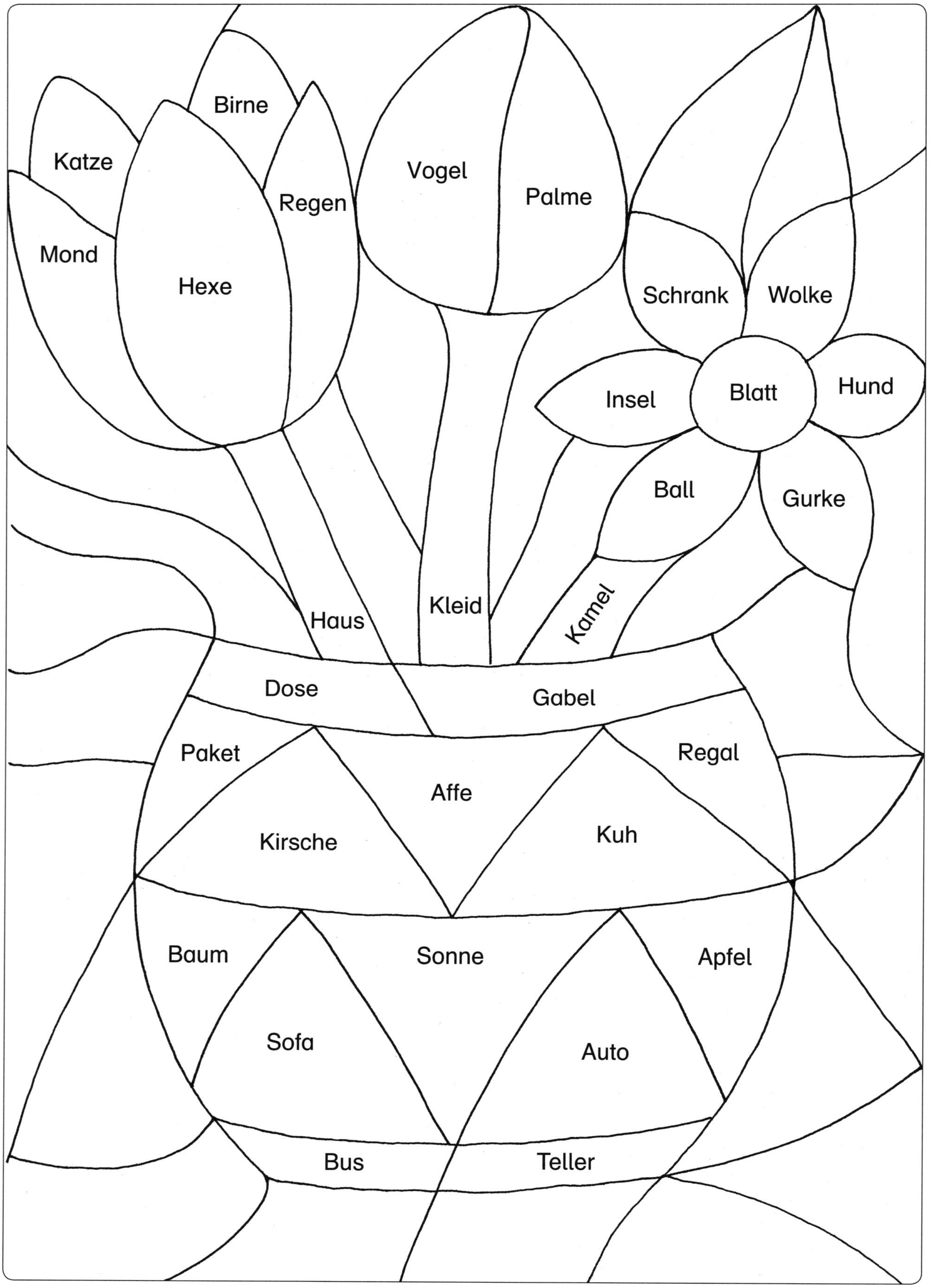

Male das Bild an.

7 = braun 10 = schwarz 12 = grün 15 = blau

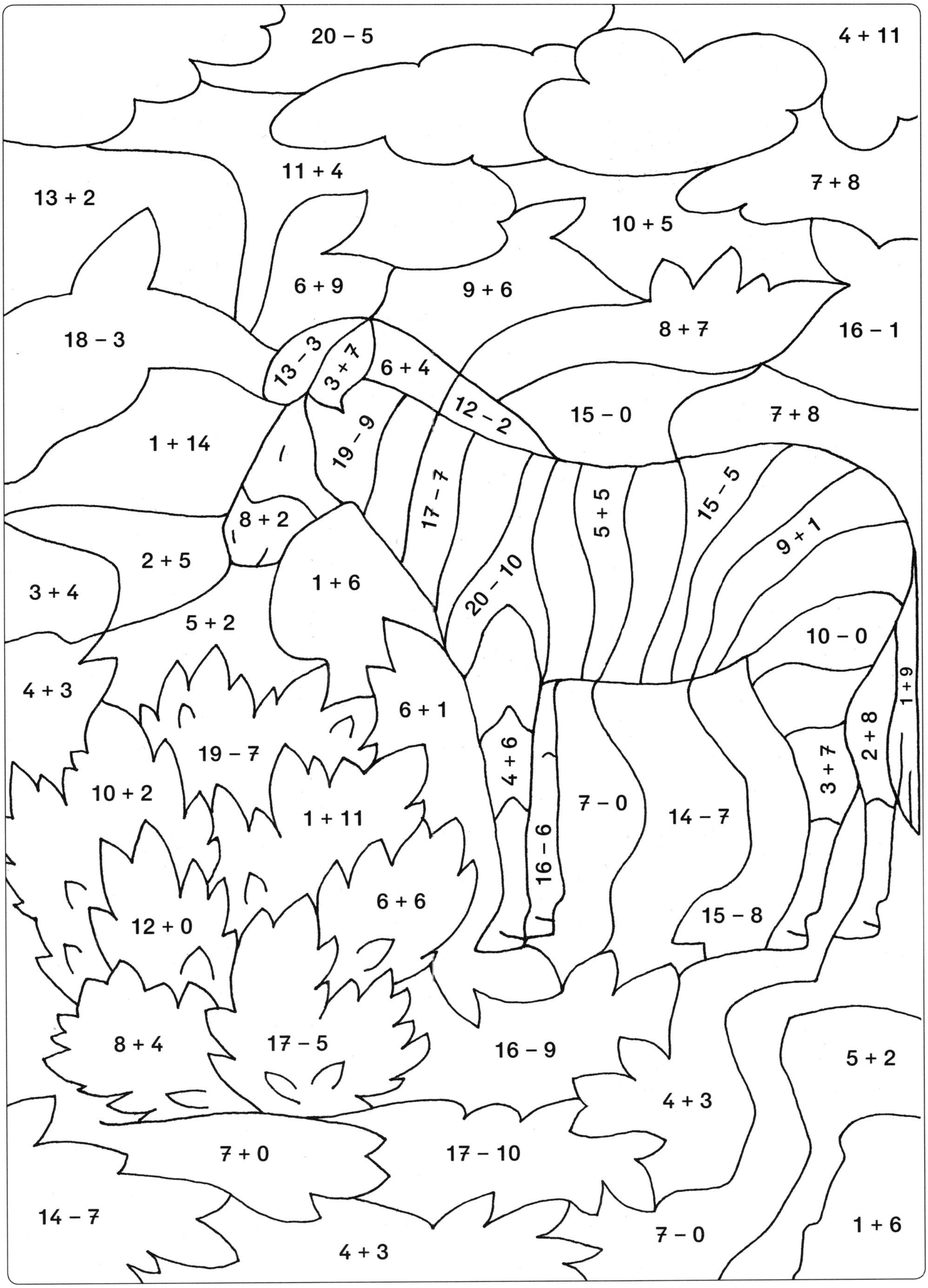

Schaue dir die Anleitung an und verbinde.

Schaue dir die Anleitung an und verbinde.

3 → 4
4 → 2
2 → 1
1 → 5
5 → 6

4

2

1 6

3 5

S → A
A → O
O → K
K → H
H → P
P → M
M → L

M K

L

O

P

H

A

S

Schaue dir die Anleitung an und verbinde.

321 → 577
577 → 145
145 → 206
206 → 231
231 → 451
451 → 755
755 → 602
602 → 321

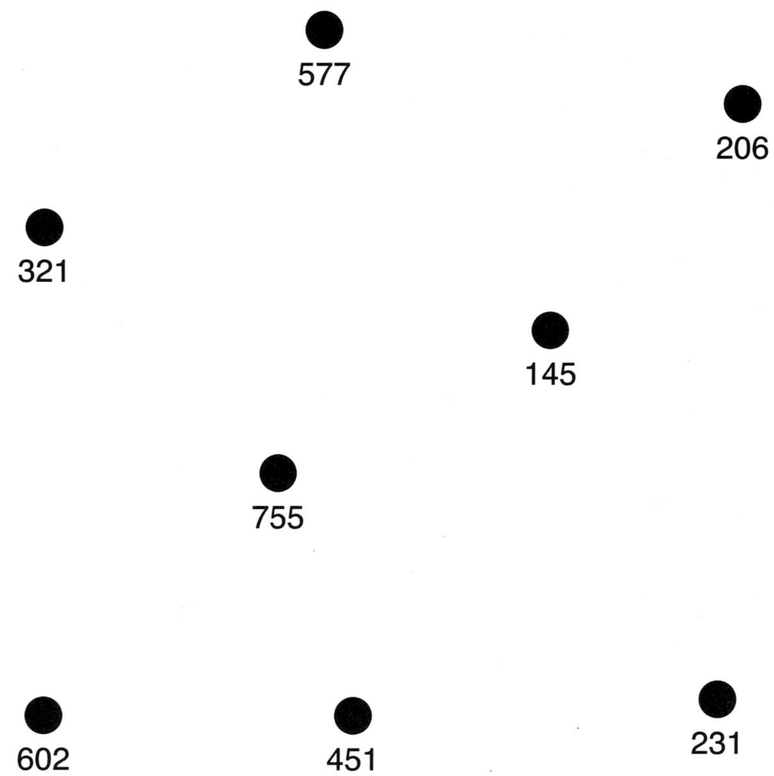

5 + 8 → 11 – 6
11 – 6 → 2 + 7
2 + 7 → 13 + 5
13 + 5 → 19 – 4
19 – 4 → 3 + 17

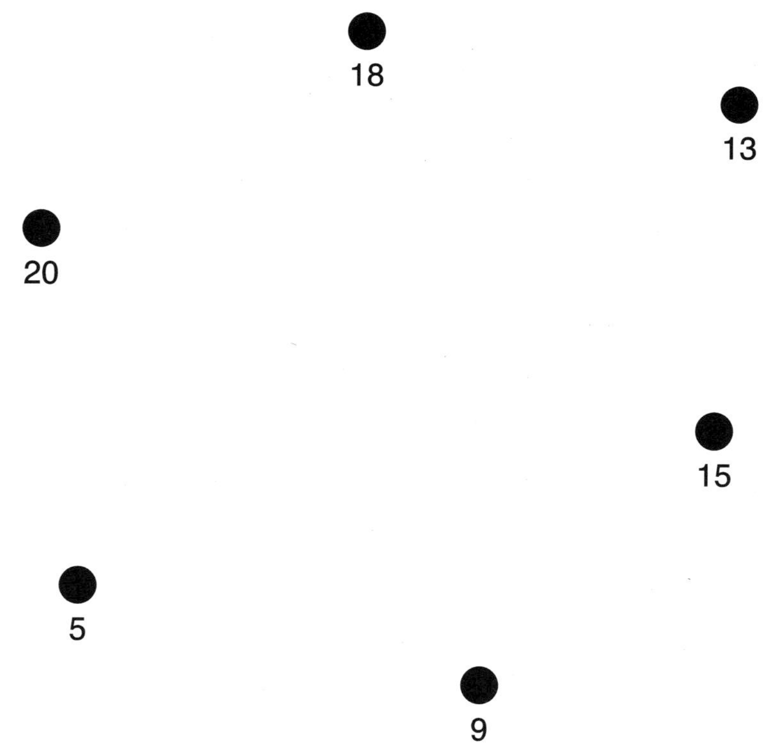

Schaue dir die Anleitung an und verbinde.

ABC → DNF
DNF → HGO
HGO → MWK
MWK → BAC
BAC → KMW
KMW → GOH
GOH → FND
FND → DFN

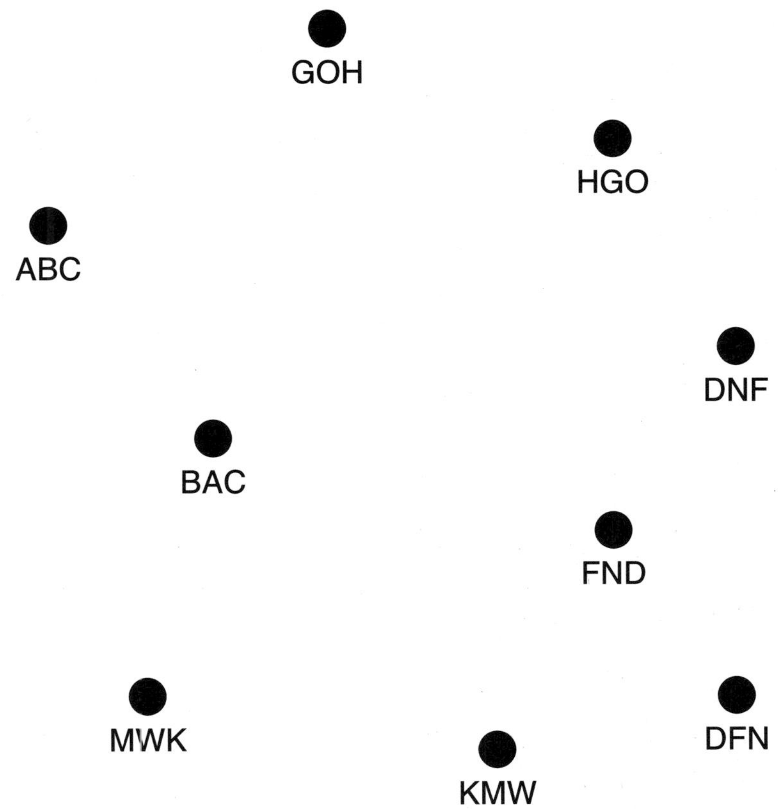

Apfel → Baum
Baum → Haus
Haus → Tür
Tür → Blume
Blume → Schlüssel
Schlüssel → Topf

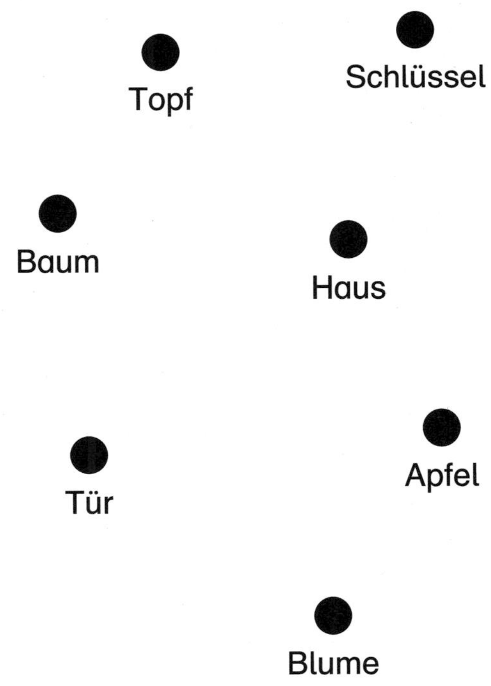

Lies dir den Text durch. / Höre dem Vorlesetext zu.
Verbinde die Bilder in der richtigen Reihenfolge.

Die Reise des Kamels

Ein Kamel ging durch die Wüste. In der Wüste traf es einen Löwen. Er saß im Schatten einer Palme. „Wohin des Weges?“, fragte er. „Ich möchte in die große Stadt.“, antwortete das Kamel und ging weiter. Unterwegs bekam es großen Durst. Glücklicherweise war eine kleine Oase in der Nähe. Dort konnte das Kamel Wasser trinken. Nach einer kurzen Rast setzte es seinen Weg fort. Es lief stundenlang durch den heißen Sand, bis es plötzlich eine lange Mauer entdeckte. Nun beschleunigte es seinen Gang. Wie glücklich war es, als es endlich durch das Stadttor lief. Es hatte die Stadt, das Ziel seiner Reise, erreicht.

Finde den Weg zum Schatz. Male die Kästchen aus.

3 ↓ 1 → 1 ↓ 3 → 2 ↑ 2 ← 1 ↑ 2 →

Finde den Weg zum Tor. Male die Kästchen aus.

2 → 2 ↑ 1 ← 1 ↑ 1 ← 2 ↑ 1 → 1 ↑ 2 → 2 ↓ 1 → 2 ↓

Schneide die Puzzlestreifen aus.

Klebe sie richtig auf.

 Schneide die Puzzleteile aus.

Klebe sie richtig auf.

Schneide die Puzzleteile aus.

Klebe sie richtig auf ein Blatt Papier.

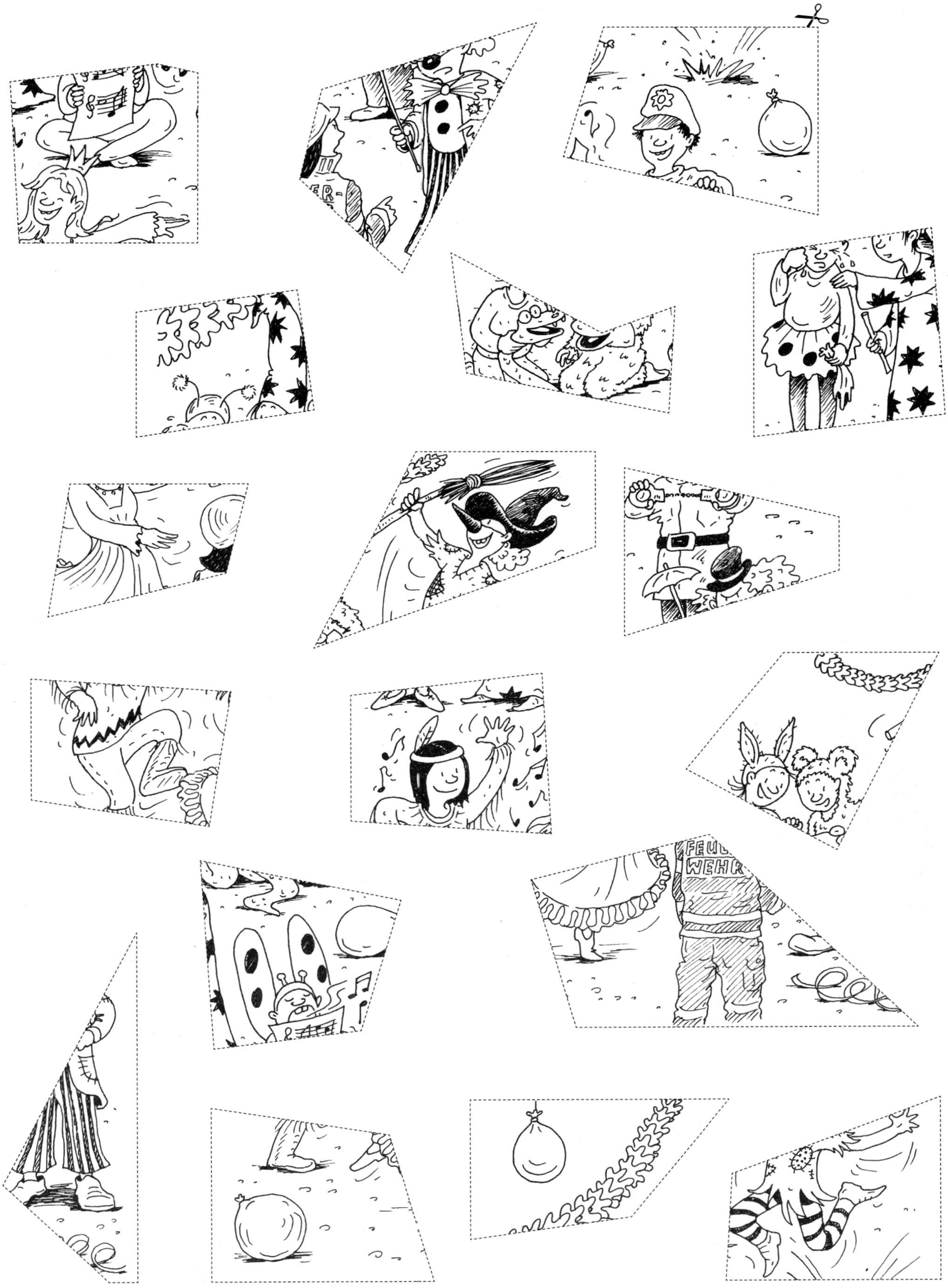

Schneide die Teile des Tangrams aus.

Lege die Figuren mit deinen Tangram-Teilen nach.

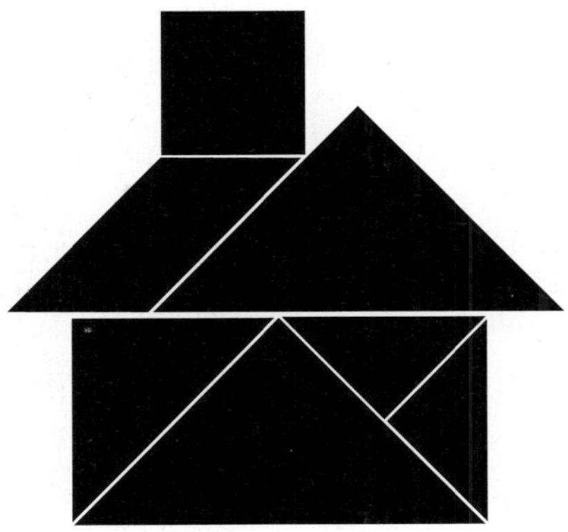

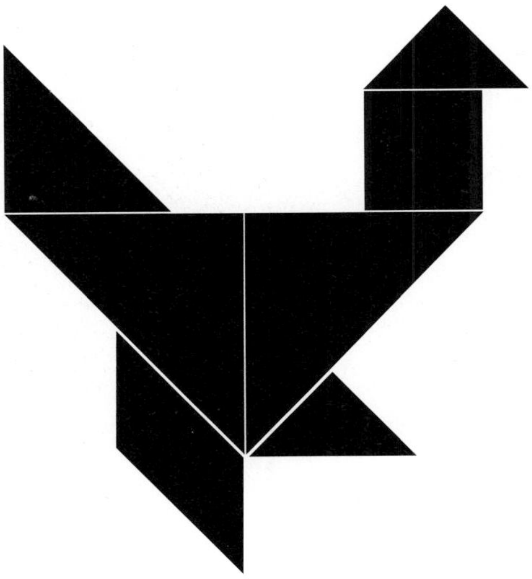

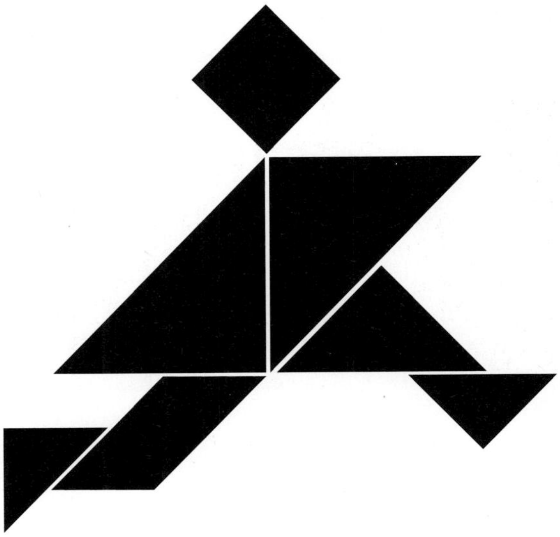

Übertrage das Bild.

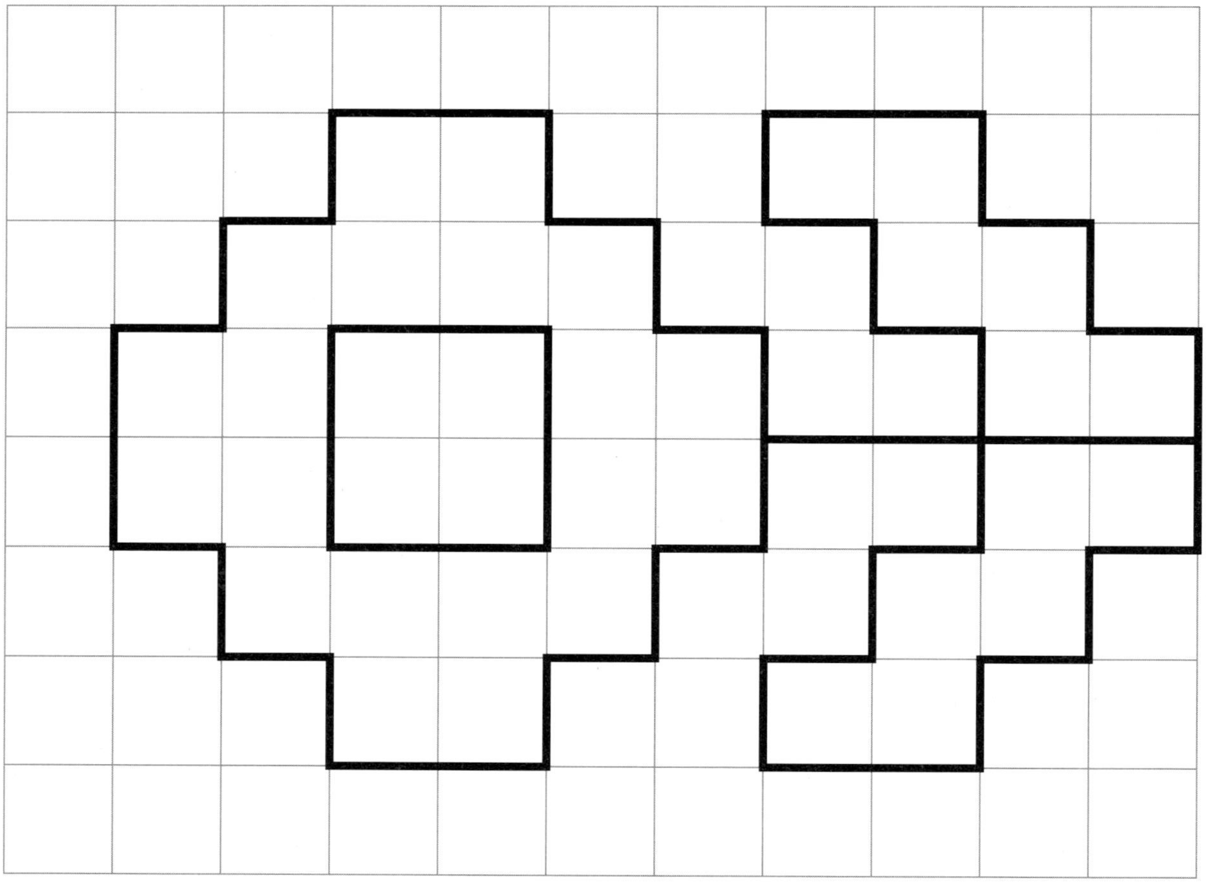

Übertrage das Bild.

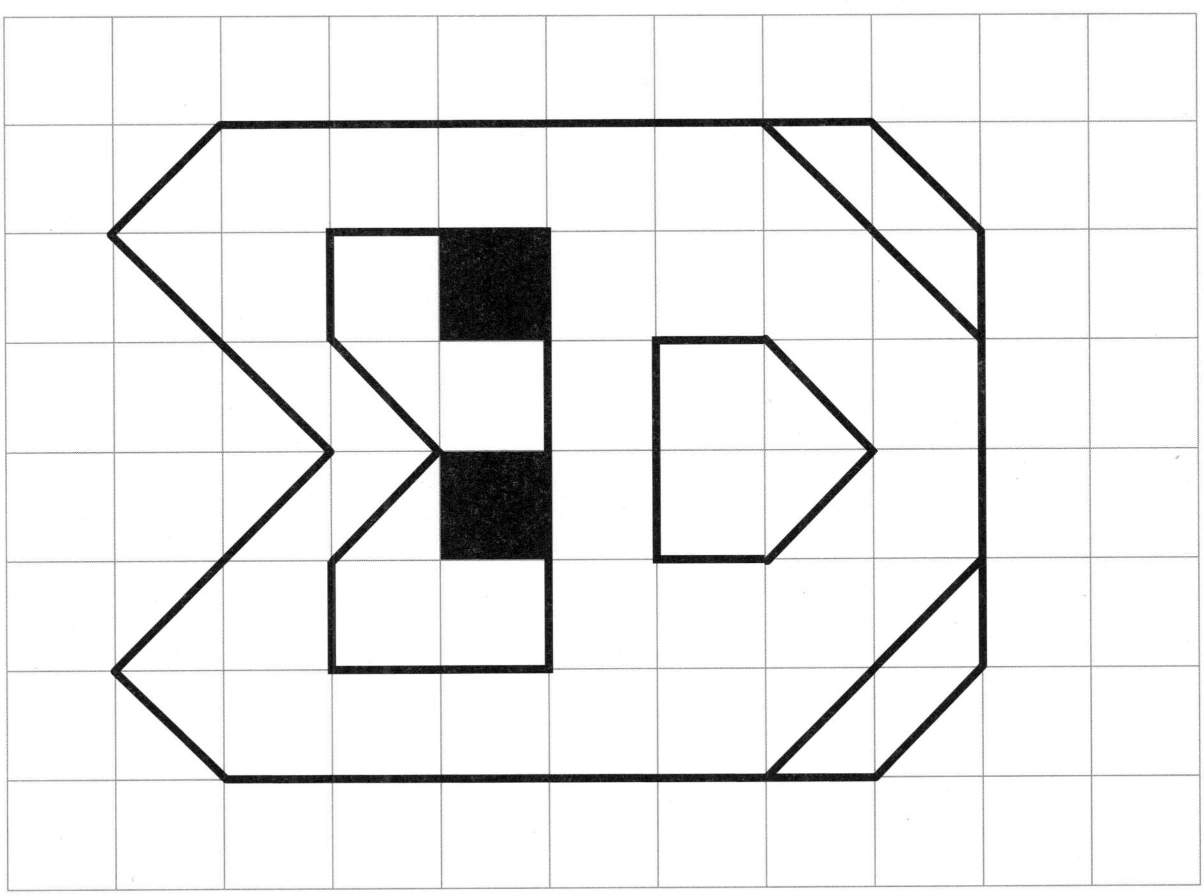

Übertrage das Bild.

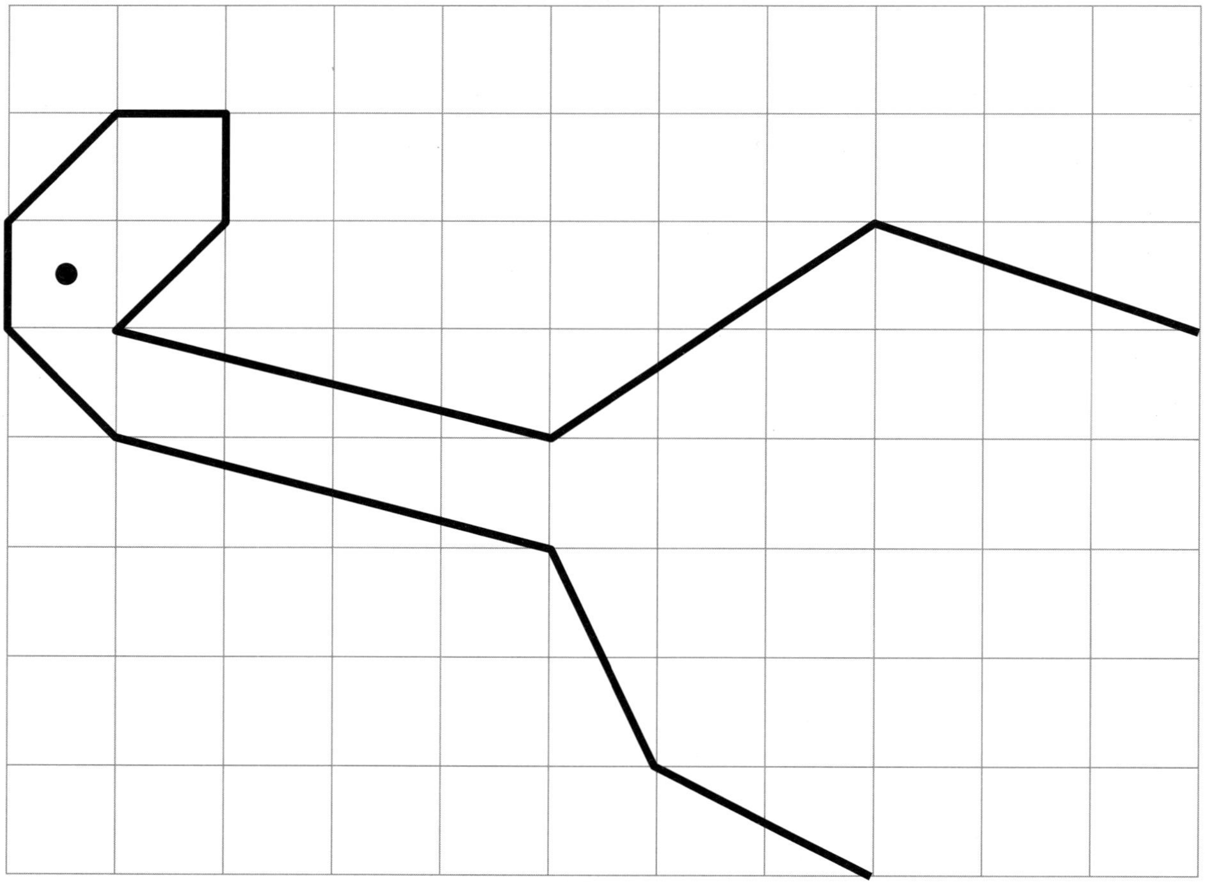

Finde die Gegenstände und male sie an.

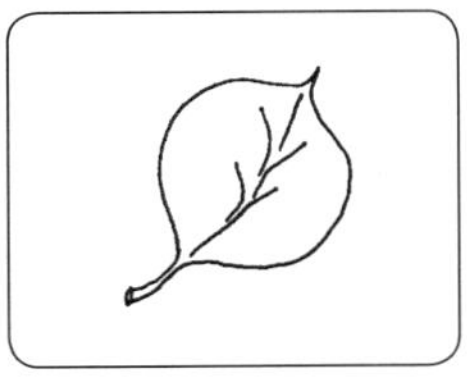

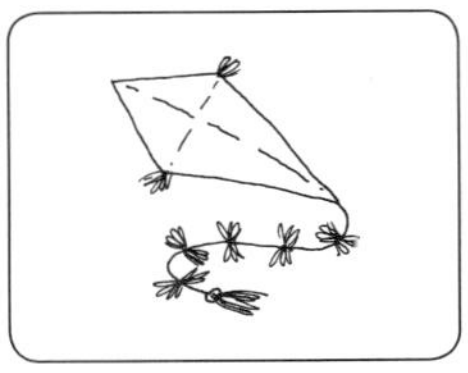

Welche Bilder findest du im Wimmelbild?
Kreuze an.

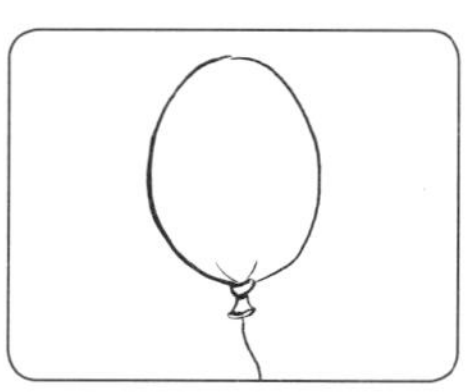

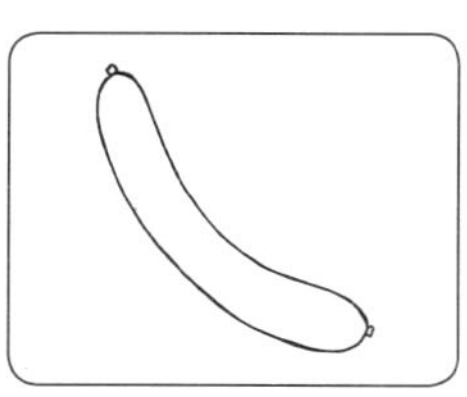

Welche Bilder findest du im Wimmelbild?
Kreuze an.

Wippe	
Klettergerüst	
Kind	
Eimer	
Schippe	
Blume	
Sandkasten	

Schaukel	
Ball	
Baum	
Hund	
Rutsche	
Bank	
Zaun	

Welchen Weg muss die Biene nehmen?
Zeichne den richtigen Weg nach.

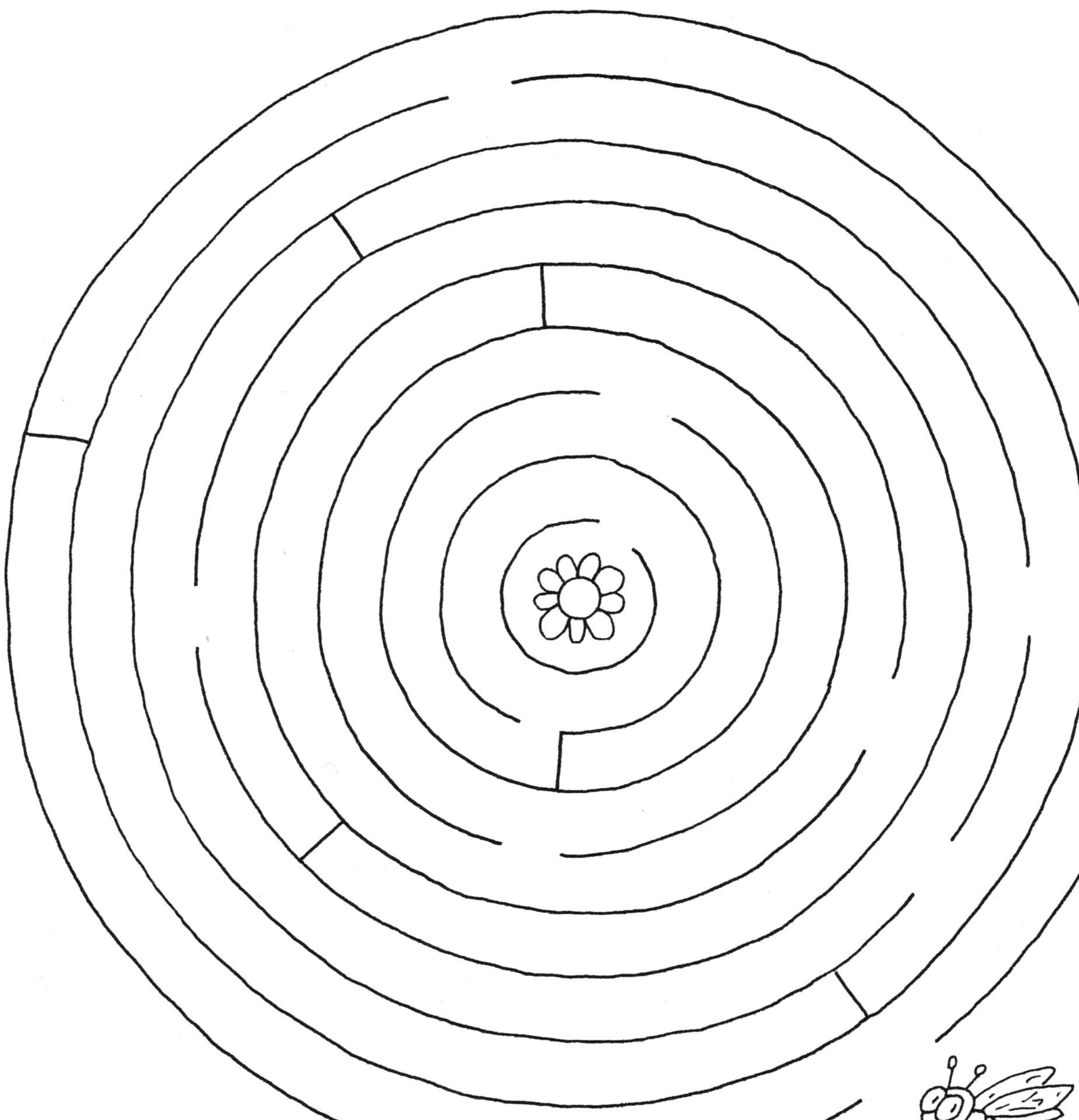

Welchen Weg muss der Affe nehmen?
Zeichne den richtigen Weg nach.

Welchen Weg muss der Detektiv nehmen?
Zeichne den richtigen Weg nach.

Was hat der Dieb gestohlen?
Trage die Buchstaben in der richtigen Reihenfolge ein.

Finde die Zahl und kreise sie ein.

4

1 4 7 2 8 4 6 5 0 1 5 4 2

8 4 5 3 2 4 9 2 3 7 3 4 8

9 5 2 1 2 1 3 5 4 6 7 3 2

1 7 8 0 9 4 6 8 4 3 1 4

6 7 4 3 1 8 9 0 3 7 2 4

0 9 0 6 4 8 4 1 3 0 8 5

Finde den Buchstaben und kreise ihn ein.

F

L T F E I H H L L L L H F

E T I E F H F I T F L I T E

F F H I F I F H T E L I F

T L F E H I L T T E H L F

I L F T E L I T F L I L I L

I T F L E E F T L I T F L I

Finde das Zeichen und kreise es ein.

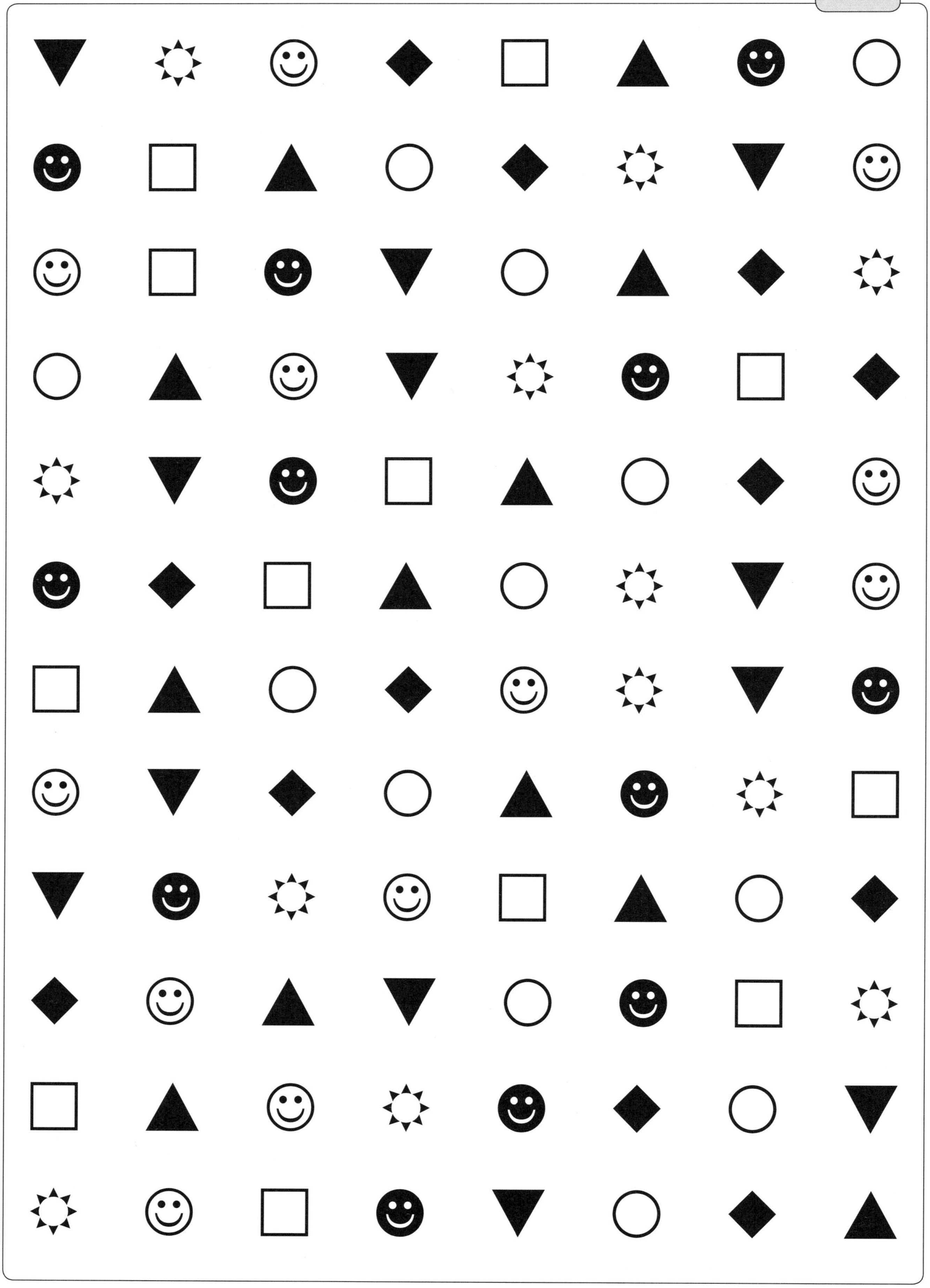

Finde die Blumen und male sie an.

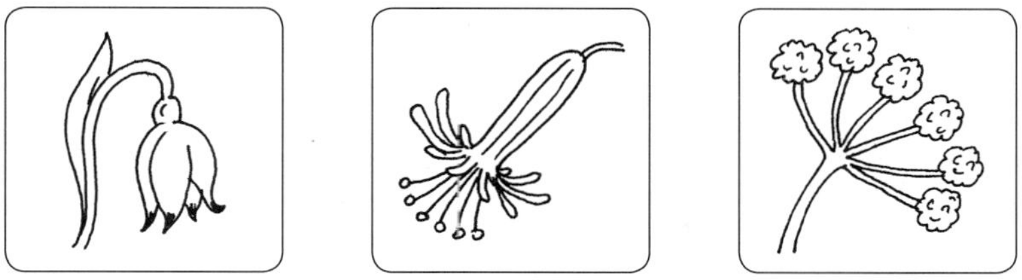

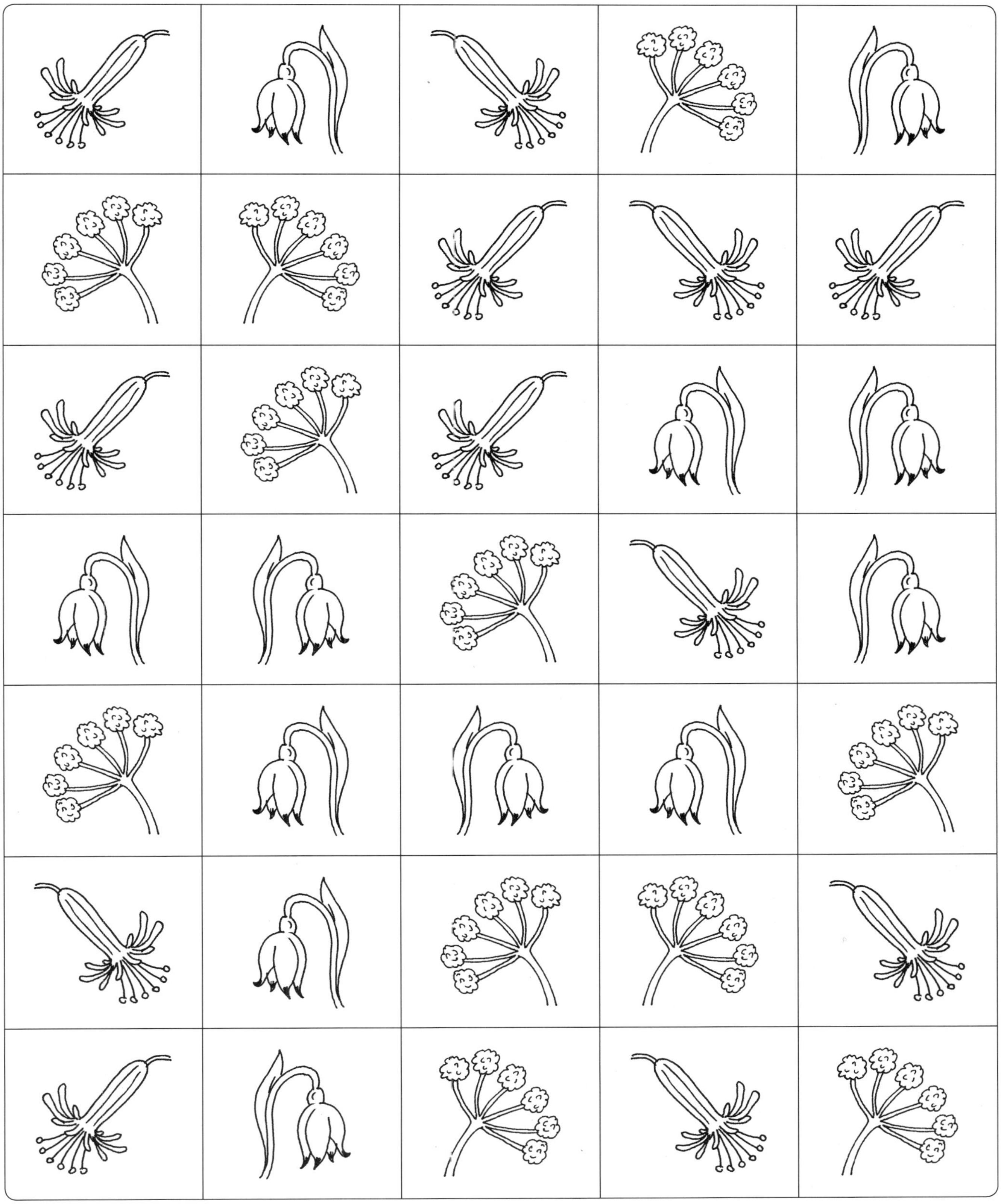

Male eine Schlange grün, eine Schlange gelb und eine Schlange orange an.

Male jede Blättersorte in einer anderen Farbe an.

 = gelb  = braun  = rot

Suche die Muster. Male die Felder an.

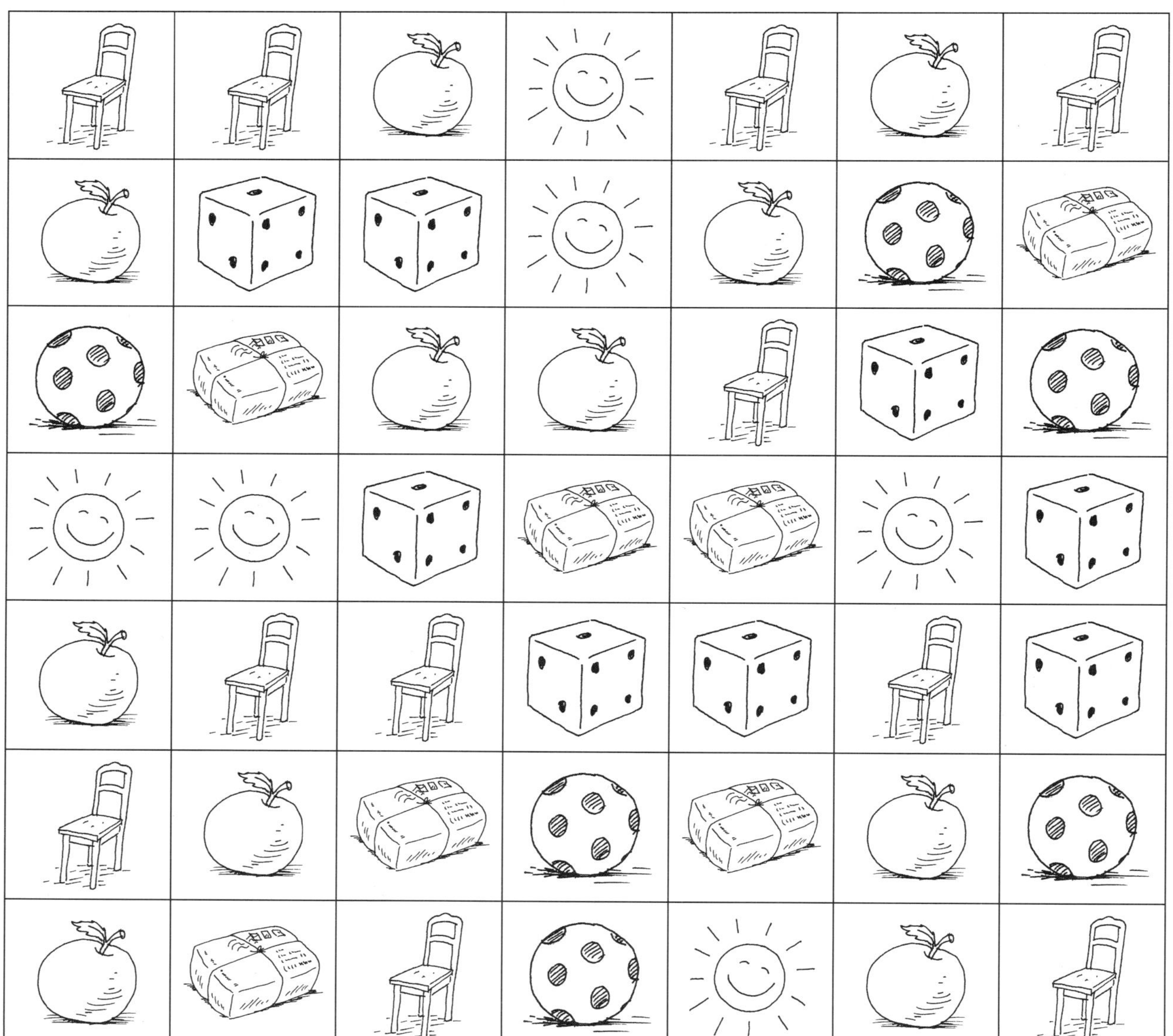

Suche die Muster. Male die Felder an.

Schneide die Bilder aus.

Klebe sie wie vorgegeben in die leeren Kästchen.

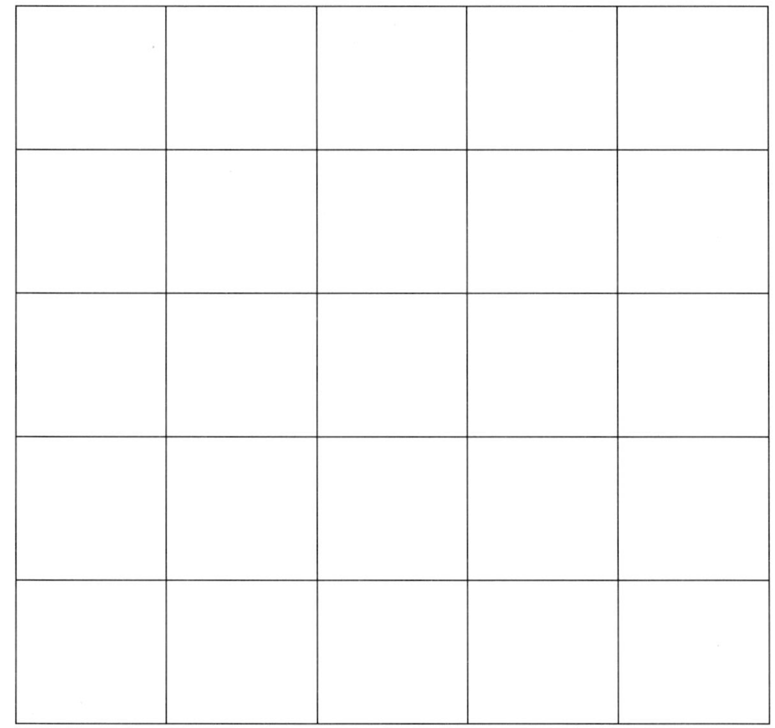

Schneide die Bilder aus.

Klebe sie wie vorgegeben in die leeren Kästchen.

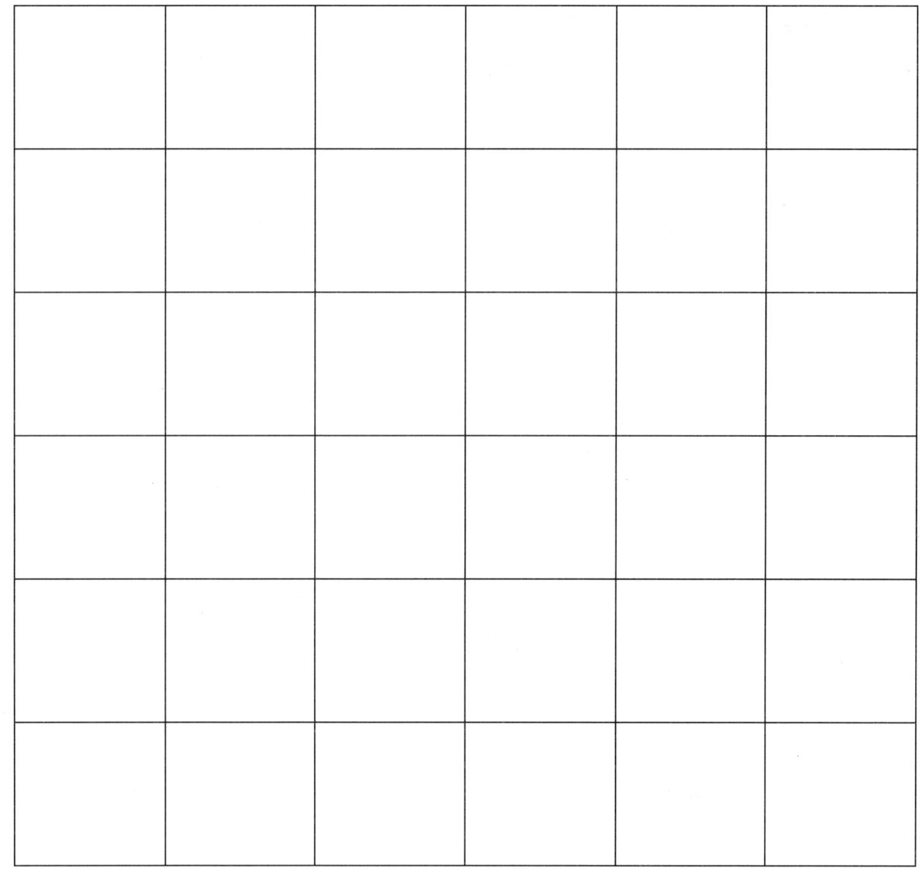

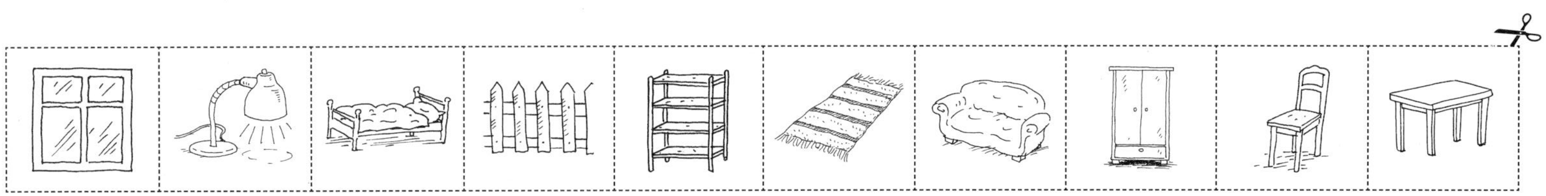

Schaue dir die beiden Bilder genau an.
Finde im rechten Bild 6 Fehler und kreise sie ein.

Schaue dir die Linien im oberen Kasten genau an.
Zeichne sie genau so in den unteren Kasten.

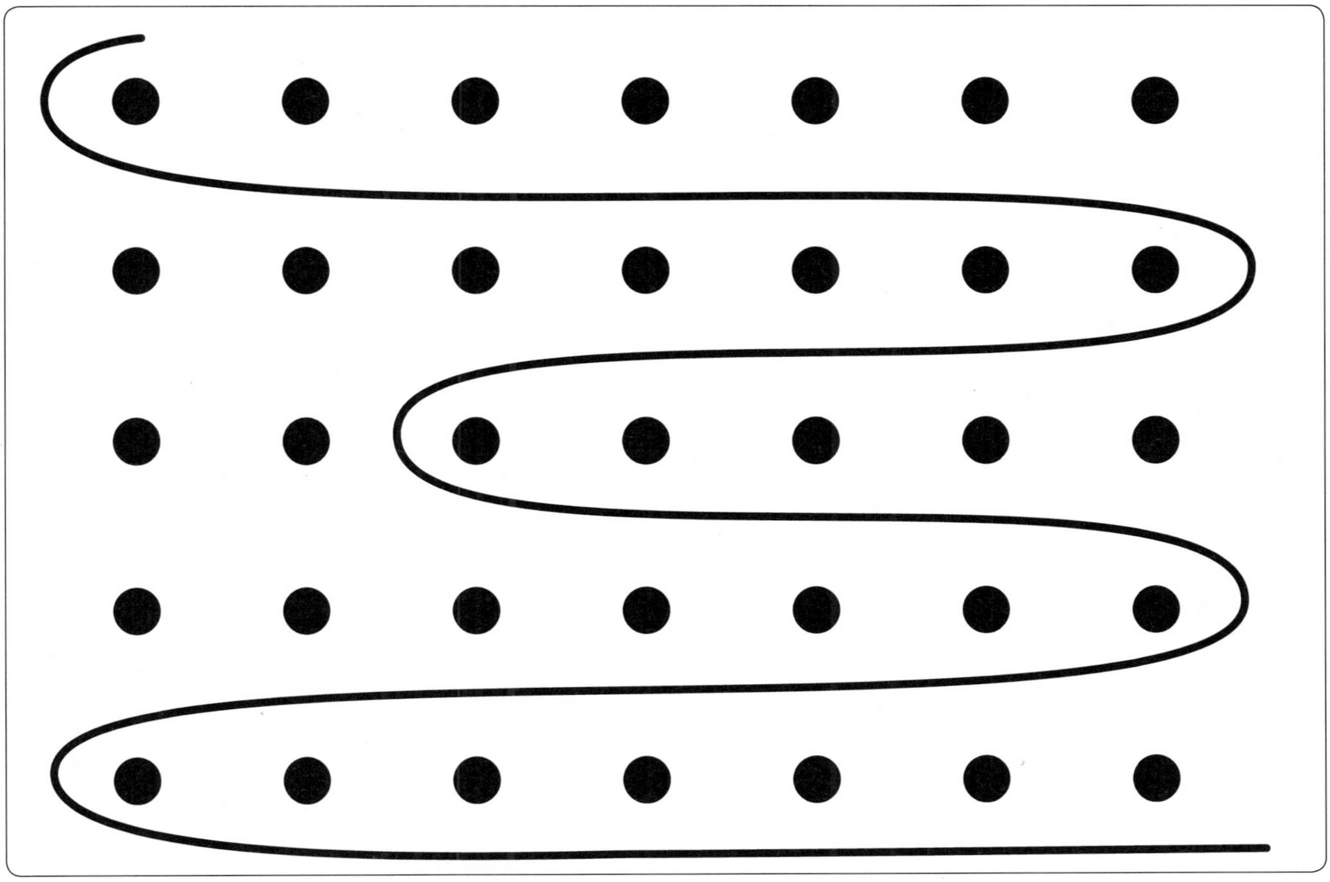

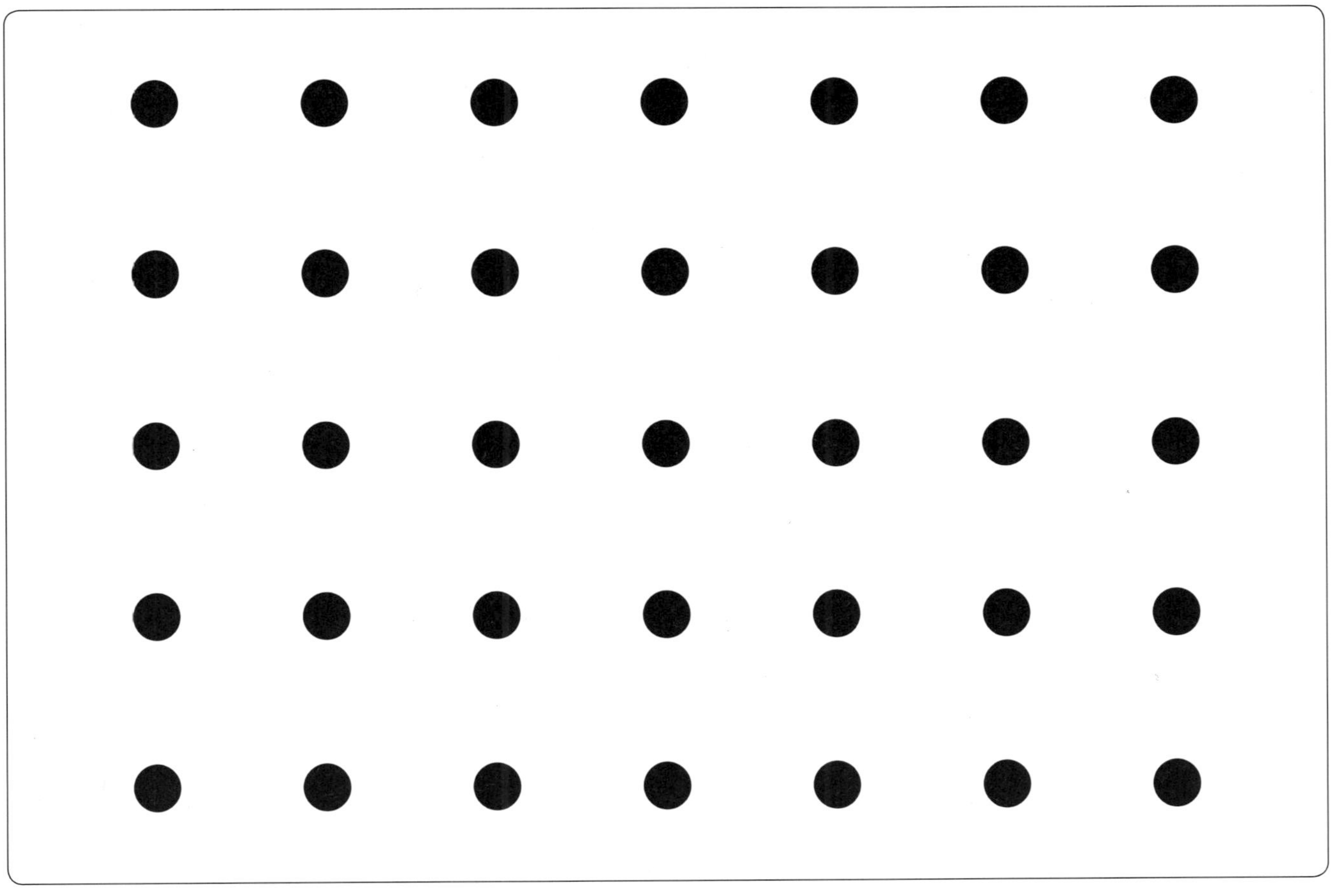

Schaue dir die Linien im oberen Kasten genau an.
Zeichne sie genau so in den unteren Kasten.

Vorlesetext „Das Schulfest“

Arbeitsauftrag für die Schüler:

Höre dir die Geschichte aufmerksam an.

In diesem Jahr wird Jonas Schule 100 Jahre alt. Deswegen gibt es am Samstag ein großes Fest. Und welch ein Glück, das Wetter ist gut. Die Sonne scheint und keine Wolke ist am blauen Himmel zu sehen. Das Fest kann draußen auf dem Schulhof stattfinden.

Schon um neun Uhr treffen sich alle Lehrer und Schüler auf dem Schulhof. Jede Klasse hat einen eigenen Stand vorbereitet. Die Stände müssen noch aufgebaut werden, bevor die Eltern kommen. Die Klasse von Jonas verkauft Waffeln. Der Teig, das Waffeleisen und der Puderzucker stehen schon bereit. Nun muss der Stand nur noch mit ein paar bunten Luftballons geschmückt werden. Das sieht toll aus.

Ab zehn Uhr kommen dann die Eltern und andere Gäste. Jonas hilft fleißig am Stand seiner Klasse mit. Er hat die Aufgabe, den Puderzucker über die Waffeln zu streuen. Da sieht Jonas seine Eltern und sogar seine Oma ist mitgekommen. Sie kaufen drei Waffeln.

Nach einer Weile schaut Jonas auf seine Armbanduhr. Es ist zwölf Uhr. Da kommt auch schon sein Freund Yassin und löst ihn am Stand ab. Jetzt kann Jonas über den Schulhof schlendern und sich alles in Ruhe ansehen. Das ist wirklich ein tolles Schulfest.

Welche Wörter kamen in der Geschichte vor?
Kreuze die richtigen Bilder an.

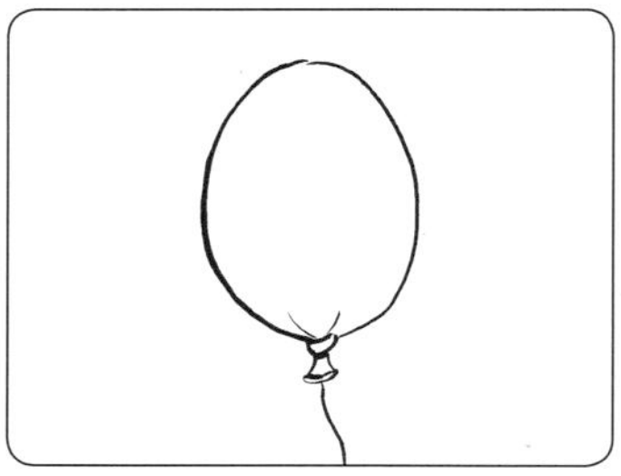

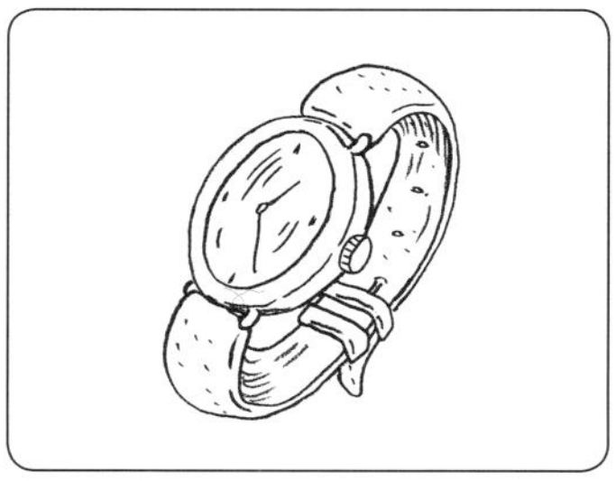

Welche Wörter kamen in der Geschichte vor?
Kreuze an.

☐ Sonne	☐ Mond	☐ Sterne
☐ Sand	☐ Stand	☐ Strand
☐ Kuchen	☐ Bratwurst	☐ Waffel
☐ Fahne	☐ Luftballon	☐ Bild
☐ Oma	☐ Opa	☐ Onkel
☐ Uhu	☐ Kalender	☐ Uhr

Vorlesetext „Der Frosch und die Maus“

Arbeitsauftrag für die Schüler:

Höre dir die Geschichte aufmerksam an.
Zähle wie oft das vereinbarte Signalwort vorkommt.

Einmal hat der Frosch einen Freund von der Maus vor dem Ertrinken gerettet. Seitdem sind die beiden gute Freunde und haben schon so manches Abenteuer zusammen erlebt.

Eines Tages als der Frosch und die Maus zusammen auf dem großen Stein auf der Wiese saßen, war ihnen schrecklich langweilig. Der Frosch schlug vor: „Wir könnten zusammen bis auf den Grund des Teiches tauchen.“ Aber die Maus schüttelte den Kopf: „Frosch, du weißt doch, dass ich nicht schwimmen kann. Nein, wir sollten viel lieber ein Wettrennen auf der Wiese veranstalten.“ Die Idee fand nun aber der Frosch nicht gut, deswegen sagte er zur Maus: „Auch wenn ich schnell schwimmen kann, am Land bin ich viel langsamer als du.“

So saßen sie auf dem großen Stein auf der Wiese und überlegten, was ein Frosch und eine Maus gemeinsam unternehmen könnten. Aus Langeweile fing der Frosch auf einmal an zu pfeifen. Der Maus gefiel das so gut, dass sie begann zum Gepfeife vom Frosch zu singen. Das hörten einige Tiere in ihrer Umgebung, die neugierig zum großen Stein gelaufen kamen. So gaben die Maus und der Frosch ihr erstes Konzert.

Frosch = 9 Mal   Maus = 7 Mal   Stein = 3 Mal

Bildkarten zum Vorlesetext „Der Frosch und die Maus“

Anmerkung für die Lehrkraft:

Die drei großen Bildkarten können als visuelle Hilfestellung für die Schüler dienen, um bewusst zu machen, auf welches Signalwort sie achten sollen. Die Klasse kann auch in zwei bis drei Gruppen aufgeteilt werden, die jeweils ein anderes Signalwort zugewiesen bekommen. Eine andere Möglichkeit ist es, die kleinen Bildkarten als Zählhilfe anzubieten. Die Schüler erhalten mehrere kleine Bildkarten passend zum jeweiligen Signalwort und legen immer dann, wenn sie dieses hören eine Karte vor sich ab. Im Anschluss können sie dann die abgelegten Bildkarten zählen.

Zuhörlogical

Arbeitsauftrag für die Schüler:

Höre gut zu.

① Unter dem Mond ist das Blatt.

Über dem Vogel ist der Stern.

In der Mitte ist die Sonne.

Über dem Mond ist die Wolke.

Zwischen Wolke und Stern ist das Flugzeug.

Unter der Sonne ist der Regenbogen.

Neben dem Regenbogen ist die Fliege.

---

② In der Mitte ist das Haus.

Unter dem Haus ist der Hund.

Oben rechts ist die Sonne.

Links neben dem Haus ist der Baum.

Rechts neben dem Hund ist die Blume.

Über dem Baum ist der Schmetterling.

Unter der Sonne ist der Zaun.

Zwischen Schmetterling und Sonne ist die Wolke.

Unter dem Baum ist das Auto.

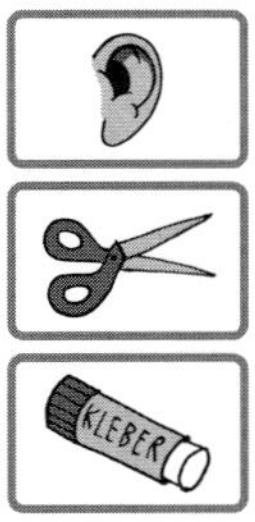

Höre gut zu.

Schneide die Bilder aus.

Klebe sie an die richtige Stelle.

①

②

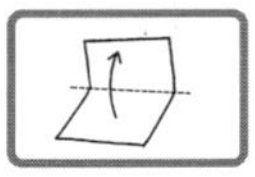

Knicke das Arbeitsblatt.

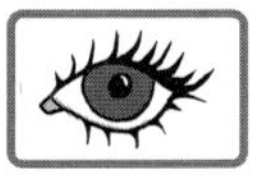

Merke dir die Bilder der oberen Hälfte.
Welches Bild fehlt unten?

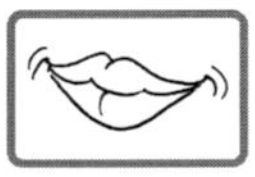

Sage es deinem Partner.
Lass deinen Partner kontrollieren.

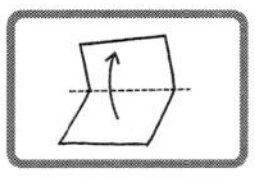
Knicke das Arbeitsblatt.

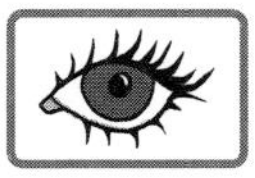
Merke dir die Bilder der oberen Hälfte.
Welches Bild fehlt unten?

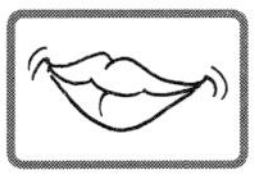
Sage es deinem Partner.
Lass deinen Partner kontrollieren.

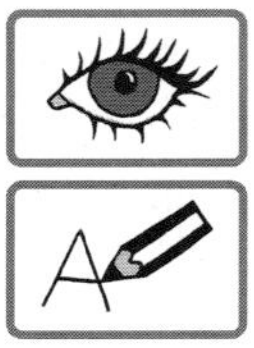

Welcher der oberen Gegenstände fehlt in der Reihe jeweils?

Schreibe ihn auf.

Fisch

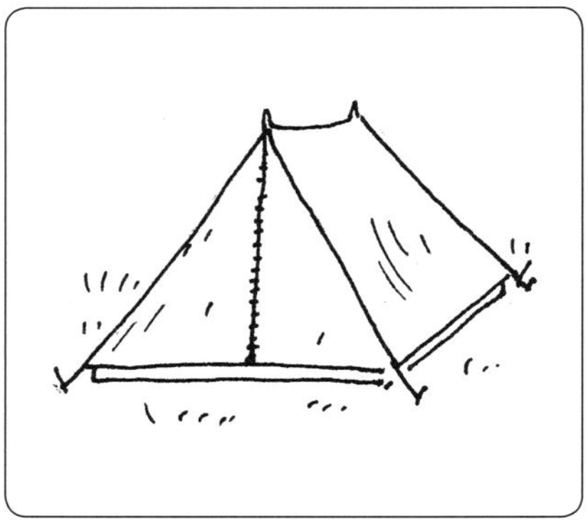

Zelt

Baum

Eis

Mond

Löwe

____

____

____

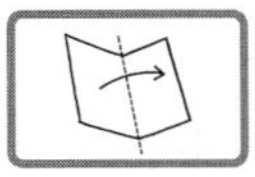

Knicke das Arbeitsblatt.

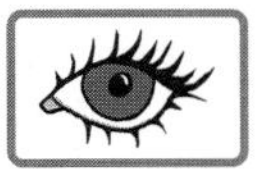

Merke dir die Bilder der linken Seite.
Welches Bild gehört zum Kasten mit dem Kreuz?

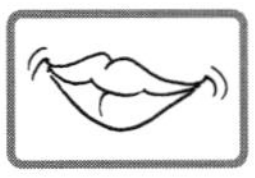

Sage es deinem Partner.
Lass deinen Partner kontrollieren.

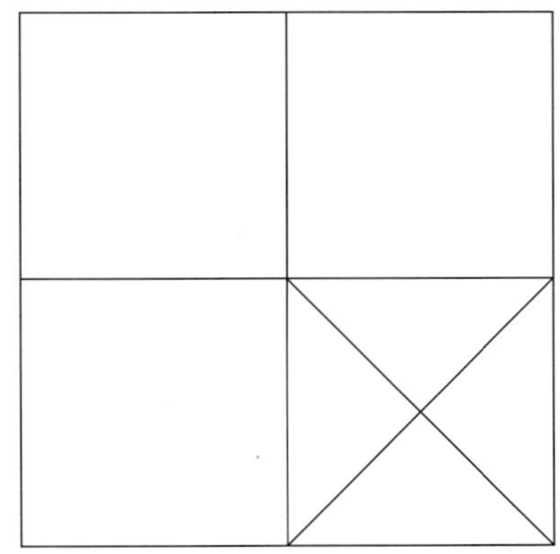

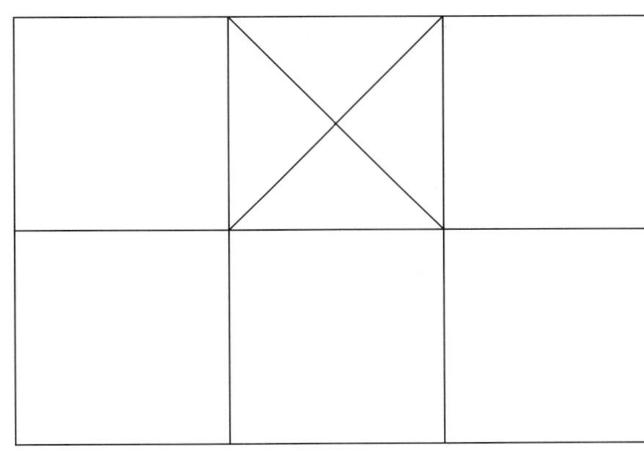

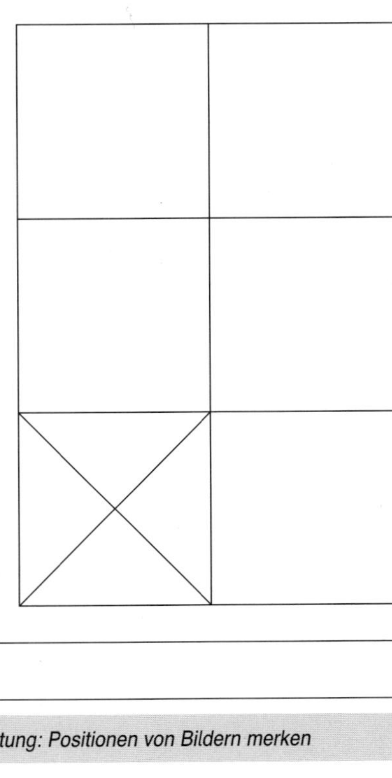

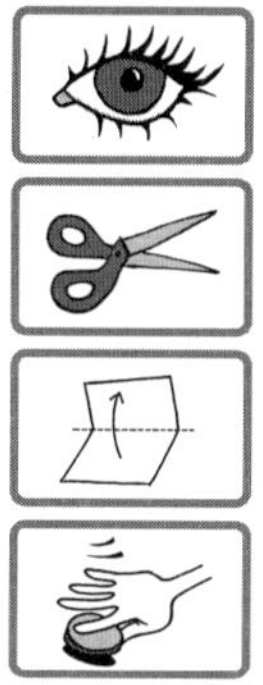

Merke dir die obere Bildreihenfolge.

Schneide die Bilder unten aus.

Knicke das Arbeitsblatt.

Lege die Bilder in der richtigen Reihenfolge nach.

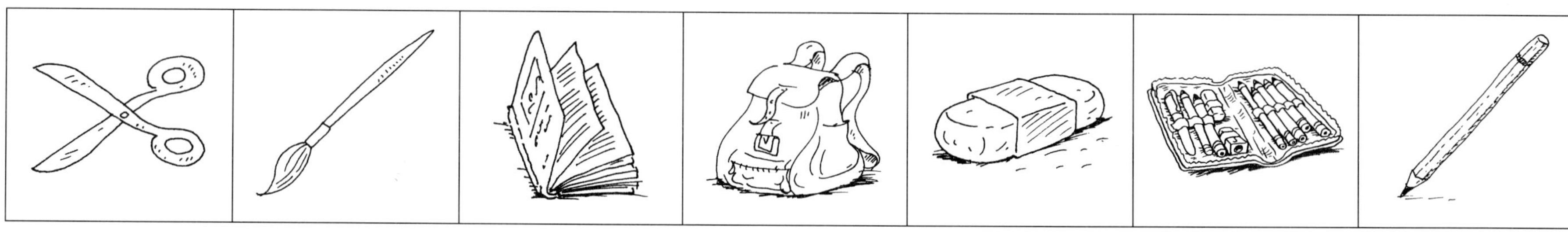

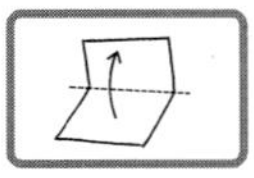 Knicke das Arbeitsblatt in der Mitte um.

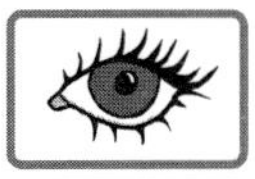 Lies dir die Einkaufsliste durch. Merke dir alle Begriffe.

 Male die Gegenstände von der Einkaufsliste auf der Rückseite an.

Banane	Wurst
Brot	Salat
Eier	Käse
Milch	Apfel

Merke dir die Wörter aus der oberen Reihe.

Schneide die Wörter unten aus.

Knicke das Arbeitsblatt.

Lege die Wörter in der richtigen Reihenfolge nach.

Schloss	Pferd	Mauer	Tor	Stall	Prinzessin	Krone

Tor	Pferd	Prinzessin	Stall	Krone	Schloss	Mauer

Schaue dir die Aufstellung der Mannschaft an.
Merke dir die Spielernamen und ihre Positionen.

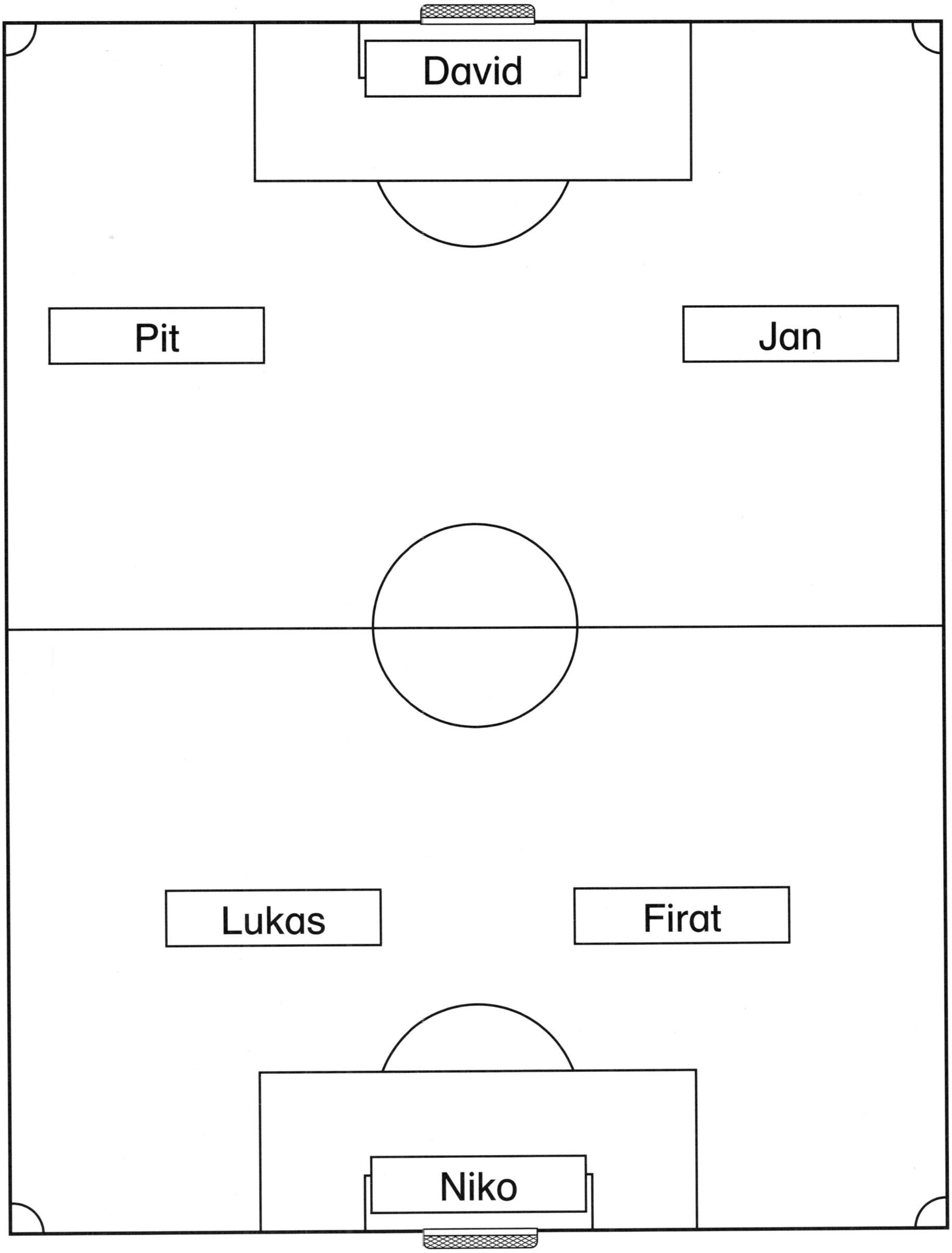

Schneide die Spielernamen aus.

Klebe sie an die richtigen Positionen.

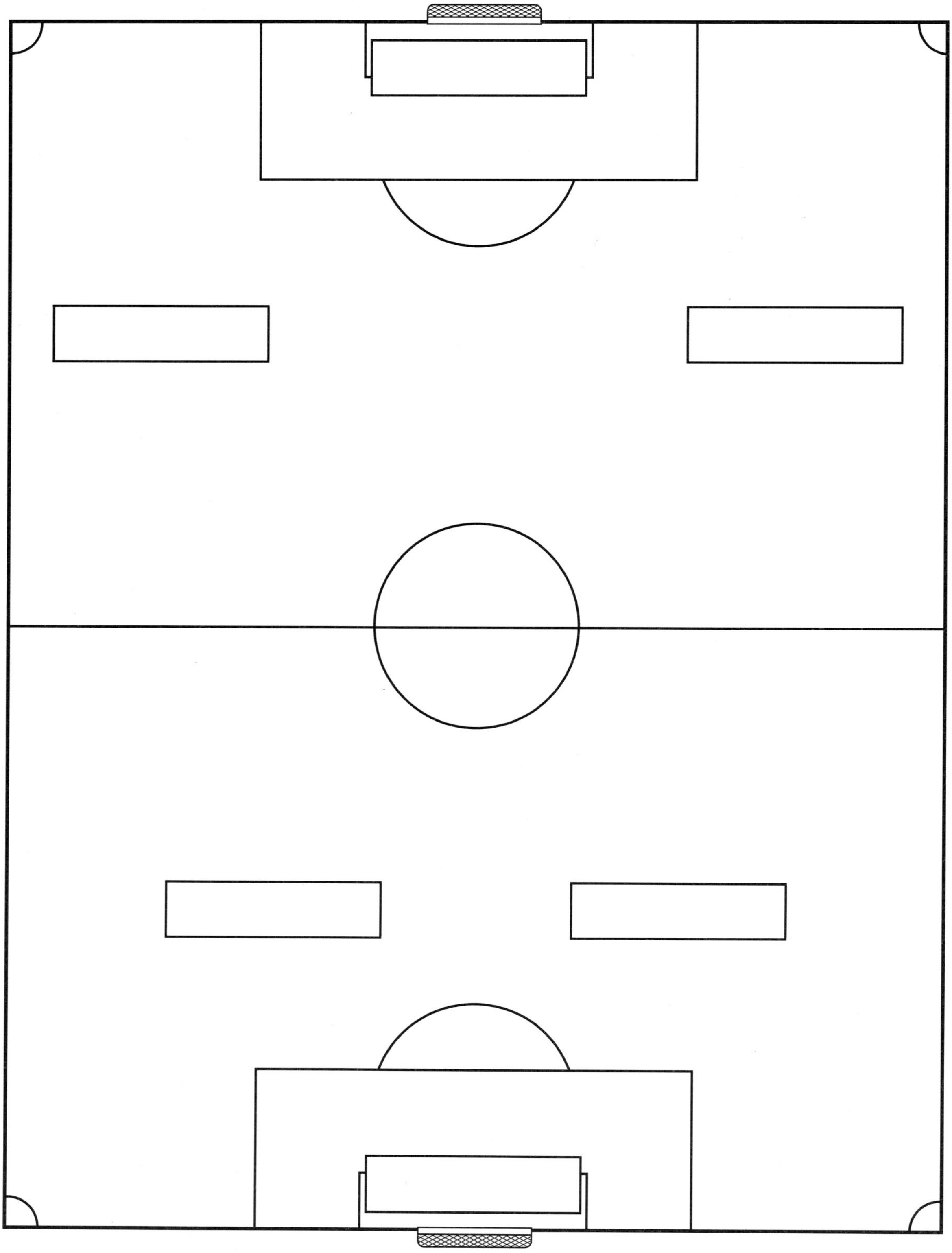

Lukas	David	Firat
Pit	Niko	Jan

Schaue dir die Aufstellung der Mannschaft an.
Merke dir die Spielernamen und ihre Positionen.

Schneide die Spielernamen aus.

Klebe sie an die richtigen Positionen.

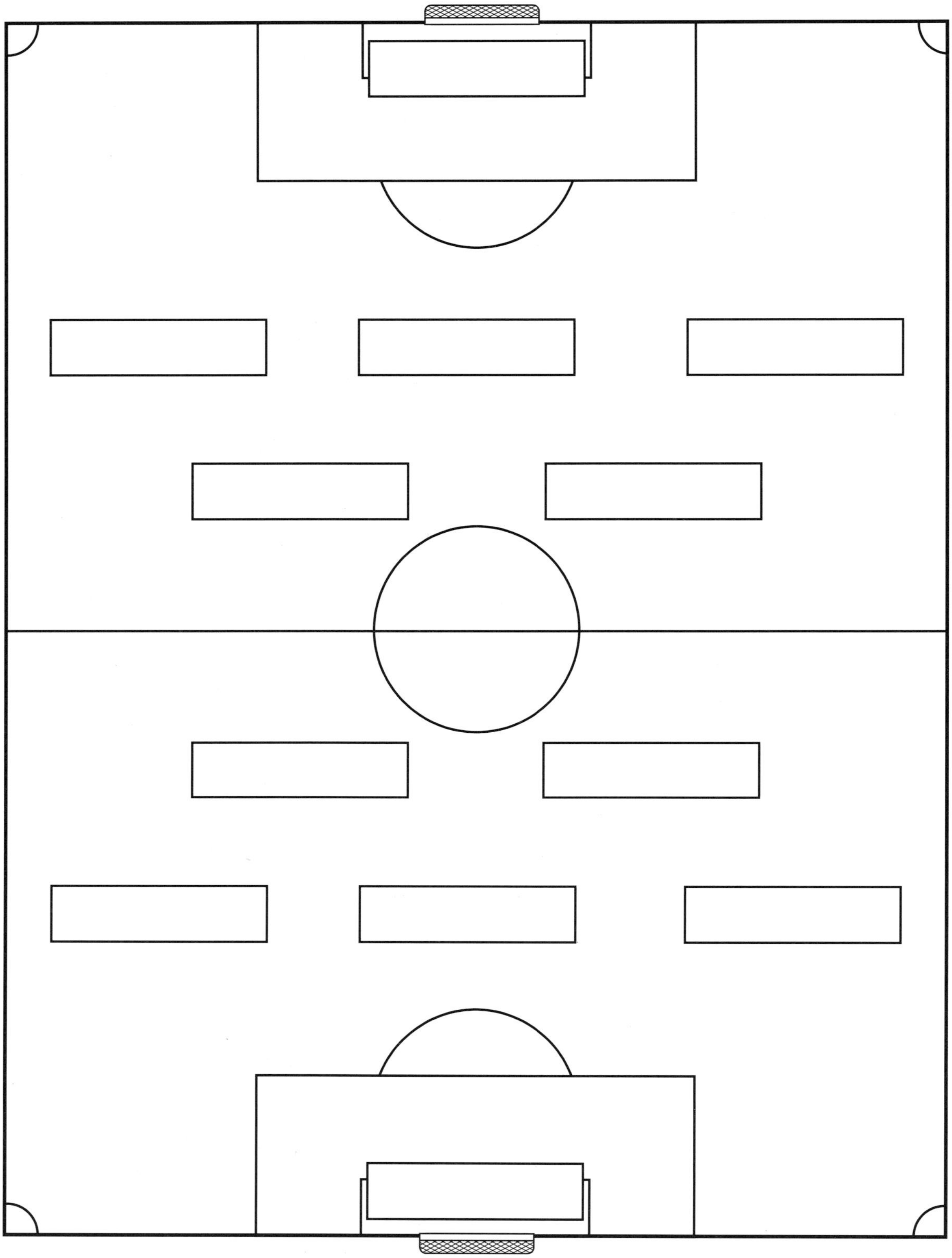

Ali	Jakob	Ole	Kevin
Lukas	Tom	Finn	Erkan
Paul	Simon	Lars	Tim

Wie geht die Reihe weiter?

Schneide die Kästen unten aus und

Klebe sie passend auf.

Achtung: Einige Kästen passen zu keiner Reihe!

Hose – Jacke – Hose – Jacke –	
Löwe – Tiger – Löwe – Tiger –	
Wolke – Stern – Stern – Wolke –	
Messer – Gabel – Löffel –	
Blume – Blume – Blatt – Blatt –	
Rutsche – Wippe – Schaukel –	

Gabel – Messer – Gabel – Messer	Rutsche – Wippe – Schaukel
Löwe – Tiger – Löwe – Tiger	Jacke – Jacke – Hose – Hose
Tiger – Elefant – Löwe	Blume – Blatt – Baum
Messer – Gabel – Löffel	Hose – Jacke – Hose – Jacke
Blume – Blume – Blatt – Blatt	Stern – Stern – Wolke

Wie geht die Reihe weiter?

Schneide die Wortkarten aus.

Klebe sie passend auf.

Hund – Katze – Hund – Katze				
Baum – Blume – Baum – Blume				
Würfel – Würfel – Ball – Ball				
Buch – Stift – Schere				
Banane – Banane – Apfel – Apfel				
Teller – Tasse – Teller – Tasse				
Auto – Fahrrad – LKW				

Apfel	Apfel	Auto	Ball	Ball	Banane
Banane	Baum	Baum	Blume	Blume	Buch
Fahrrad	Hund	Hund	Katze	Katze	LKW
Schere	Stift	Tasse	Tasse	Teller	Teller
Würfel	Würfel				

Welches Bild passt nicht in die Reihe?
Kreise es ein.

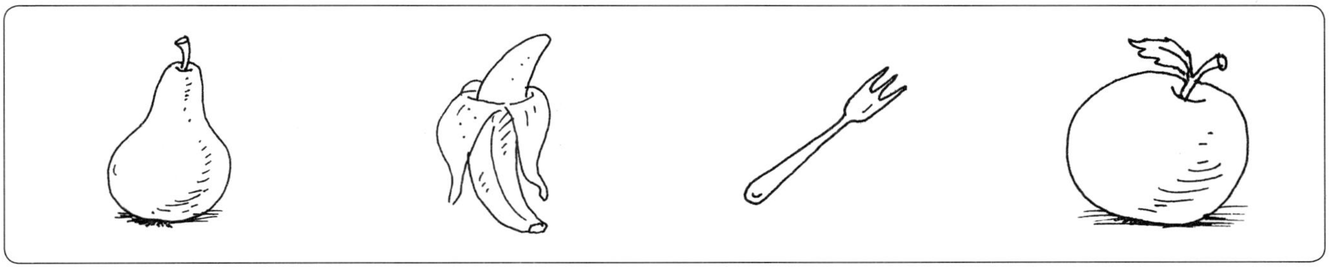

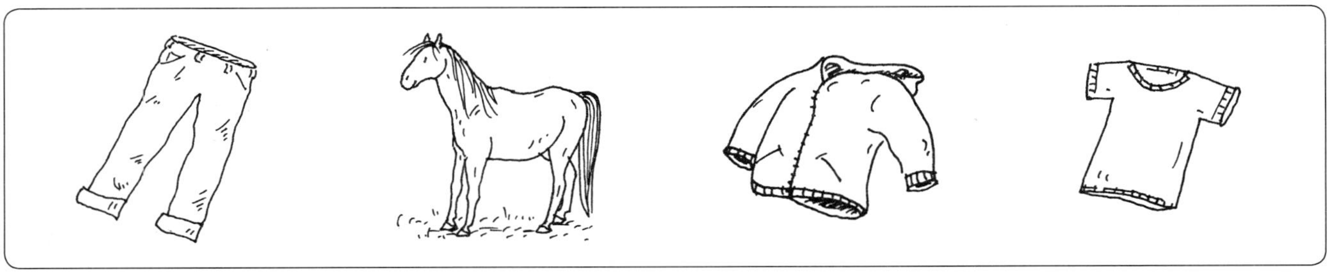

Welches Wort passt nicht in die Reihe?
Kreise es ein.

Besen	Auge	Nase	Ohr	Mund
Esel	Kuh	Gabel	Schwein	Ente
Hose	Hemd	Socke	Telefon	Jacke
Schrank	Tisch	Stuhl	Regal	Buch
Tomate	Gurke	Wasser	Paprika	Salat
Winter	Januar	Sommer	Herbst	Frühling
Koch	Blume	Briefträger	Arzt	Polizist
rot	gelb	grün	klein	blau

Welches Wort in der Reihe ist falsch geschrieben?
Kreise es ein.

Banane Banane Banane Banune Banane

Vogel Vgoel Vogel Vogel Vogel

Tisch Tisch Tisch Tisch Ticsh

Kerze Kerze Karze Kerze Kerze

Paprika Paprika Paprika Papprika Paprika

Wiese Wiese Wieese Wiese Wiese

Gespenst Gespenst Gespenst Gespensp

Fahrrad Fahrad Fahrrad Fahrrad Fahrrad

Welche Bilder gehören zusammen? Verbinde.

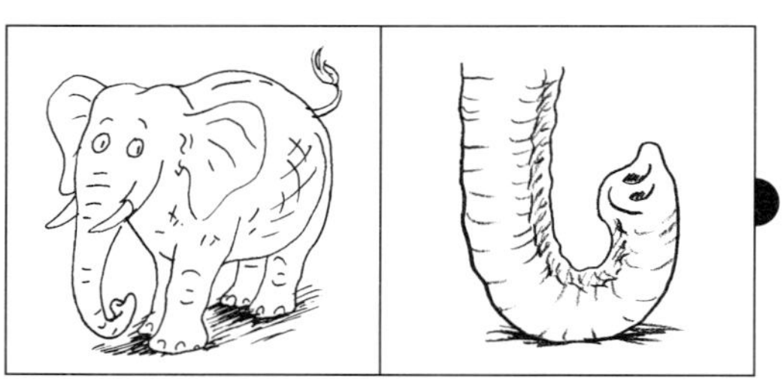

Welche Bilder gehören zusammen?
Male sie jeweils in der gleichen Farbe an.

Male die Blumen in den Vasen in Rot, Gelb, Lila und Blau an.

Achtung:
Es darf keine Farbe in einem Strauß doppelt vorkommen!
Es darf keine Sträuße geben, die genau gleich aussehen!

Schneide die Bilder aus.

Klebe sie in der richtigen Reihenfolge auf ein Blatt Papier.

Wie lautet die geheime Botschaft?
Ergänze die Buchstaben.

Die Juwelen sind

gut versteckt.

Sie befinden

sich im Keller

hinter der

Heizung.

Wie lautet die geheime Botschaft?
Schreibe unter jedes Zeichen den richtigen Buchstaben.

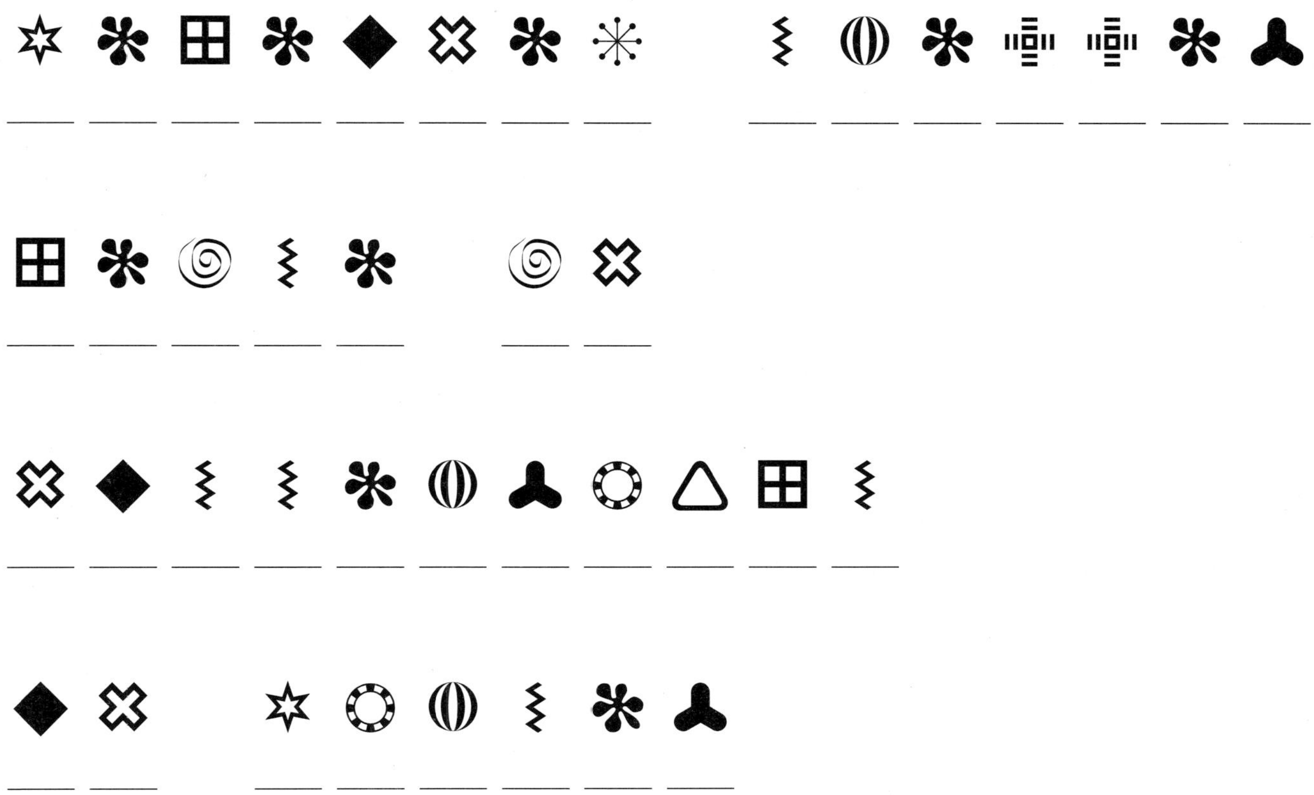

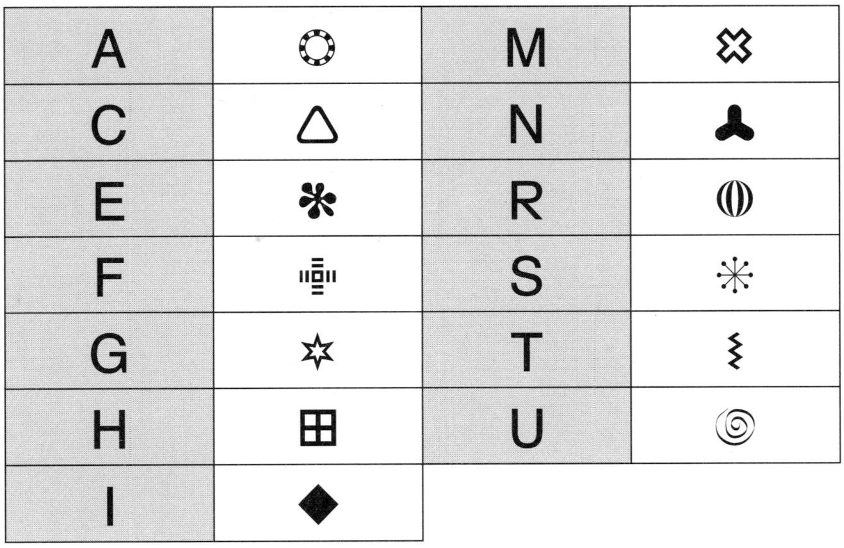

Welche Wörter verstecken sich hinter den Kästchen?
Schreibe die Zahlen der passenden Wörter vor die Kästchen.

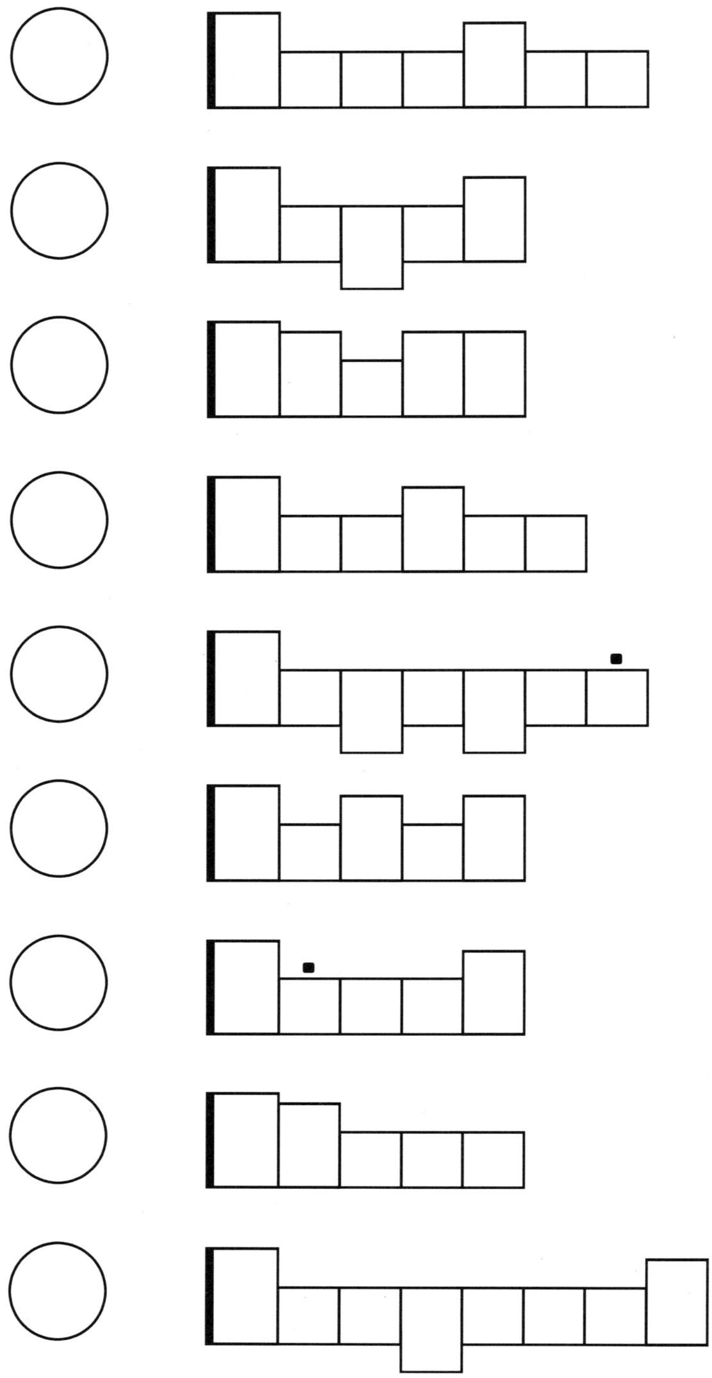

① Fenster	④ Garten	⑦ Papagei
② Stuhl	⑤ Schaf	⑧ Tisch
③ Ampel	⑥ Blume	⑨ Gespenst

Schreibe zu jedem Tresor den Geheimcode auf.
Der schwarze Punkt zeigt dir das Startfeld an.

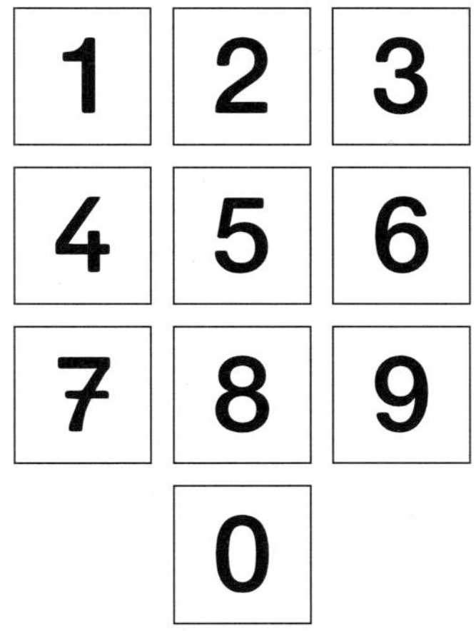

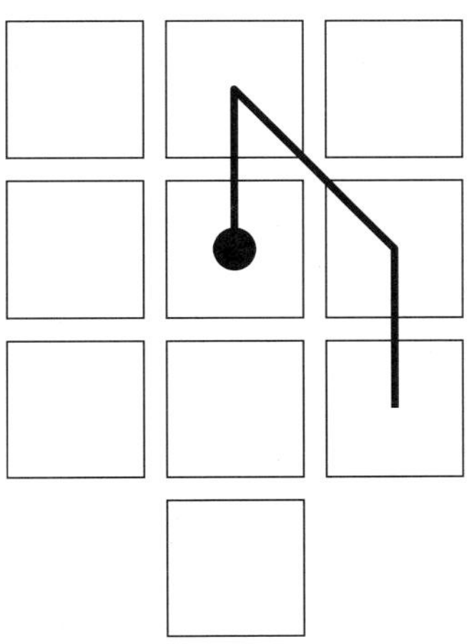

____

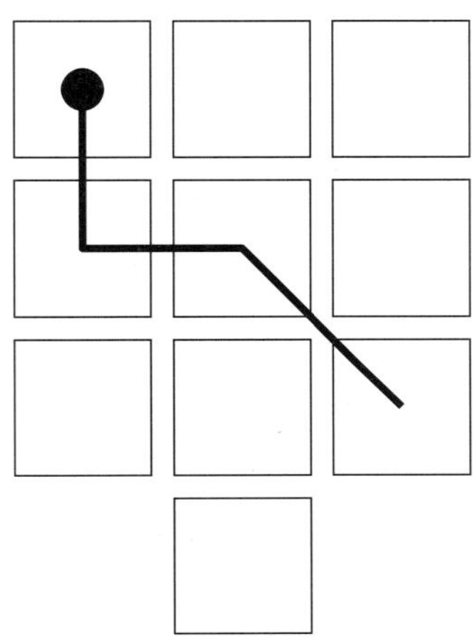

____

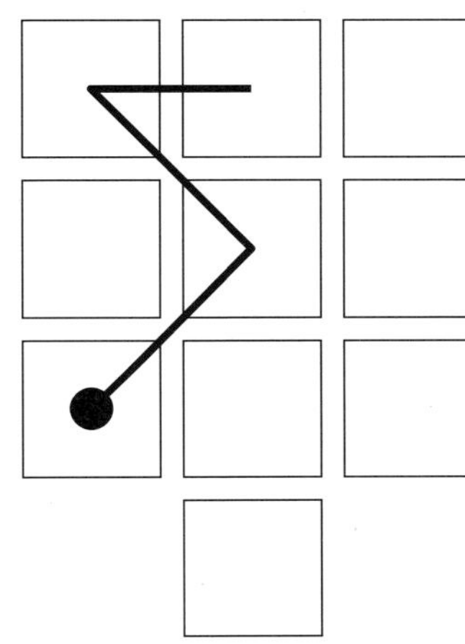

____

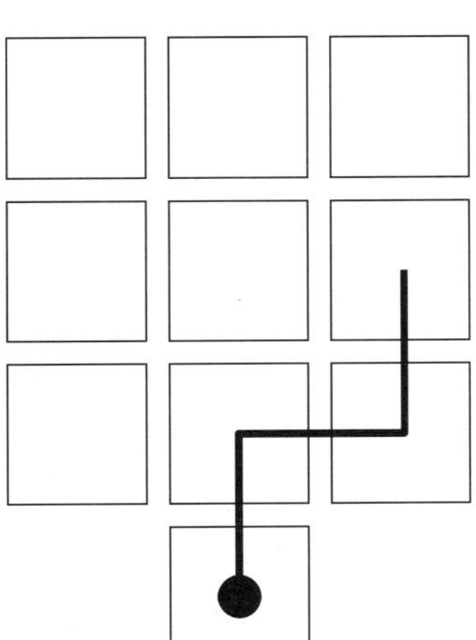

____

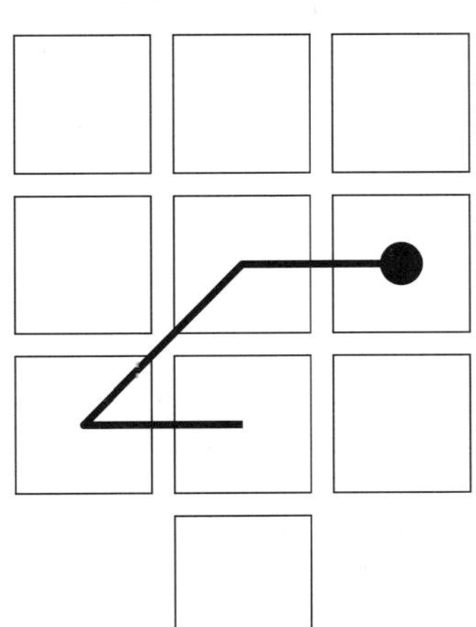

____

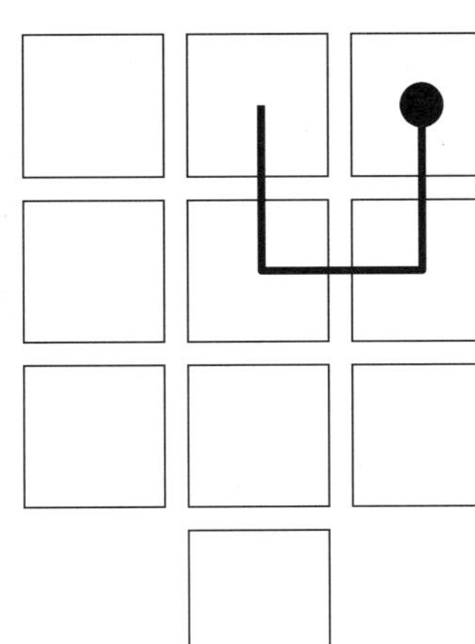

____

Zeichne auf jedem Tresorfeld den Weg des Geheimcodes ein. Markiere das Startfeld mit einem Punkt.

1	2	3
4	5	6
7	8	9
	0	

1 - 5 - 4 - 7

9 - 6 - 8 - 5

4 - 5 - 6 - 3

2 - 1 - 4 - 5

0 - 8 - 5 - 6

3 - 5 - 7 - 8

Lies die Wörter in der Tabelle.

Male die Bilder entsprechend an.

Sack	grau	braun	braun
Tuch	rot	gelb	blau
Hemd	schwarz	grau	schwarz
Hose	schwarz	blau	grün

Helm	blau	braun	gelb
Hemd	grau	blau	rot
Hose	schwarz	blau	schwarz
Fahrrad	rot	grün	gelb

Lies dir den Text aufmerksam durch.

Das Mädchen neben Lars trägt keine Hose.

Timo und Lars sind Freunde.

Sie stehen nicht nebeneinander.

Lars trägt keine Kappe.

Neben Timo steht Lara.

Laras Freundin heißt Elif.

Sie steht direkt neben ihr und trägt einen Rock.

Elif trägt einen roten Rock.

Ihr Oberteil ist nicht grün.

Ein Junge hat eine blaue Hose an.

Er steht neben Lara.

Timos Kappe ist gelb.

Lars Pulli ist blau.

Lars Hose und Laras Hose haben die gleiche Farbe.

Laras Hose ist grün.

Beide Mädchen tragen ein gelbes Oberteil.

Timos Oberteil hat die gleiche Farbe wie Elifs Rock.

Schreibe die Namen der Kinder unter die Bilder.

Male die Kleidung der Kinder richtig an.

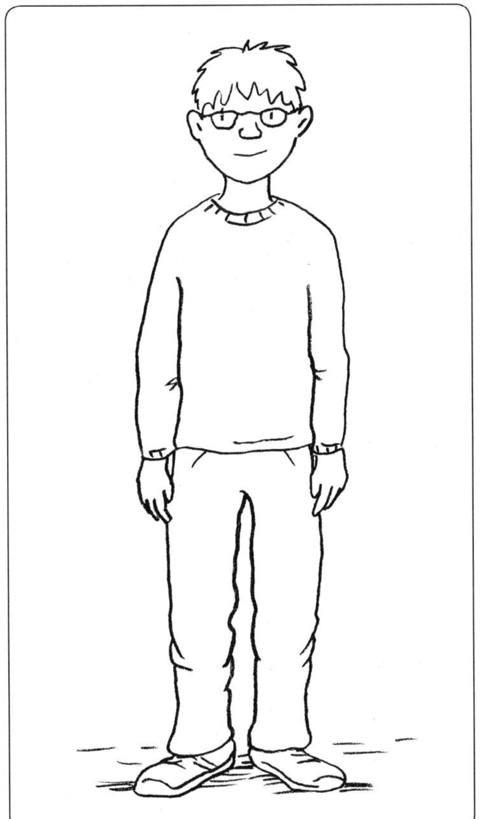

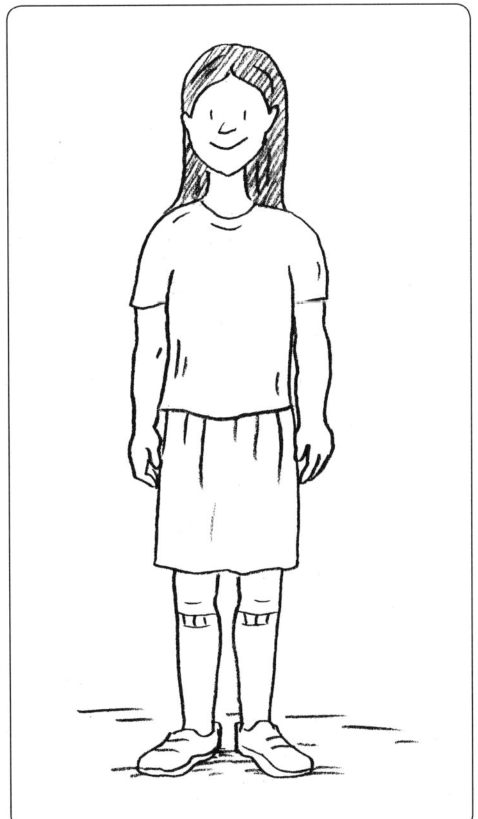

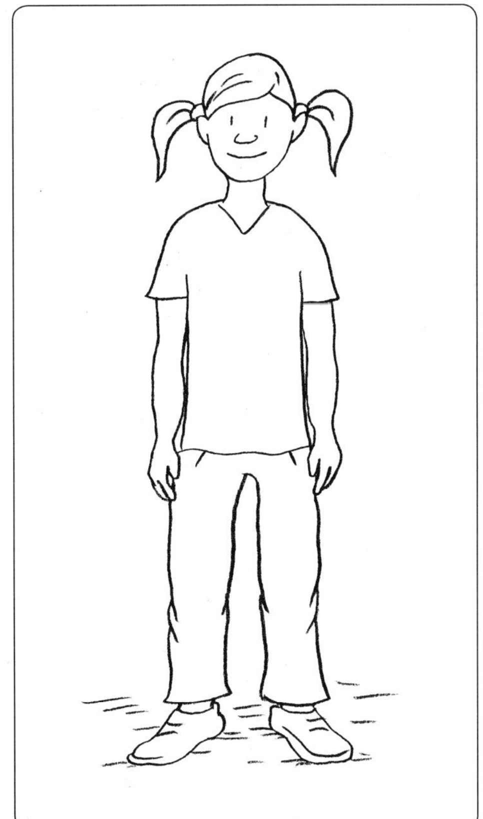

Schneide die Bildkarten aus.

Klebe sie an die richtige Stelle.

 Schneide die Bildkarten aus.

 Klebe sie an die richtige Stelle.

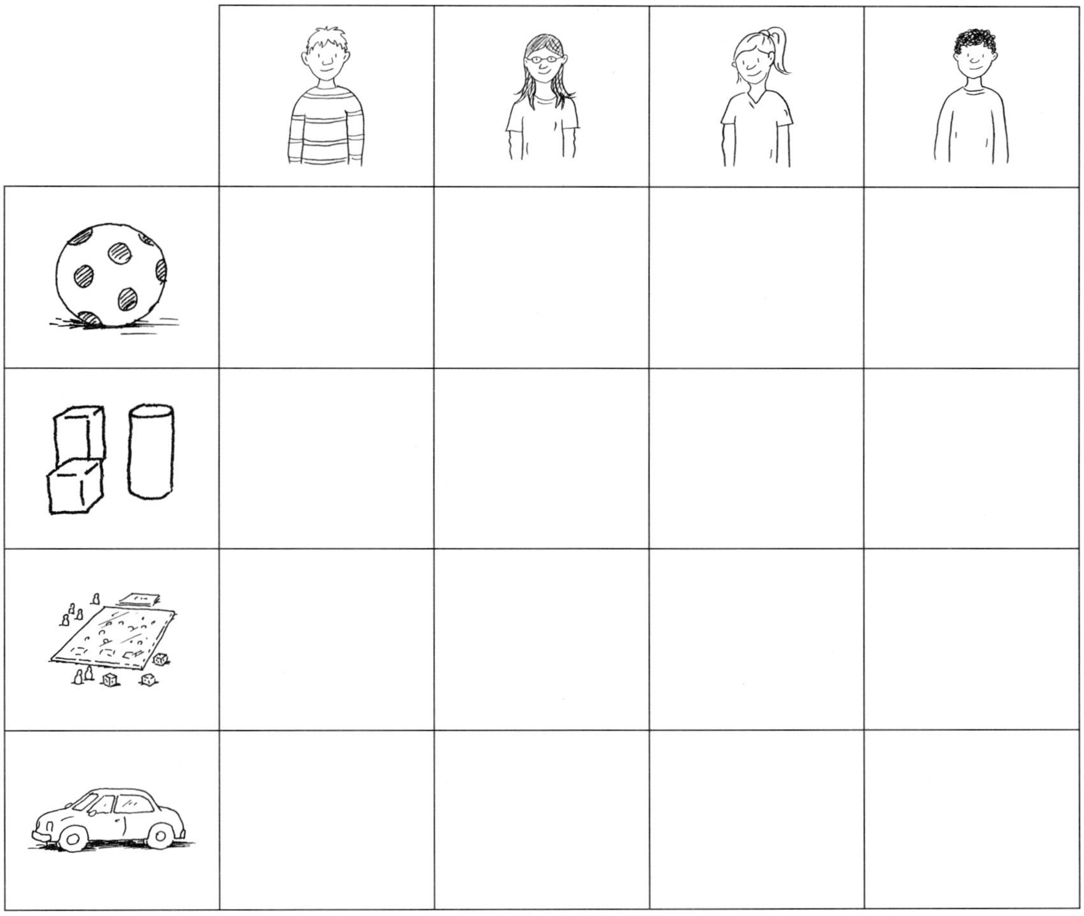

Schneide die Bildkarten aus.

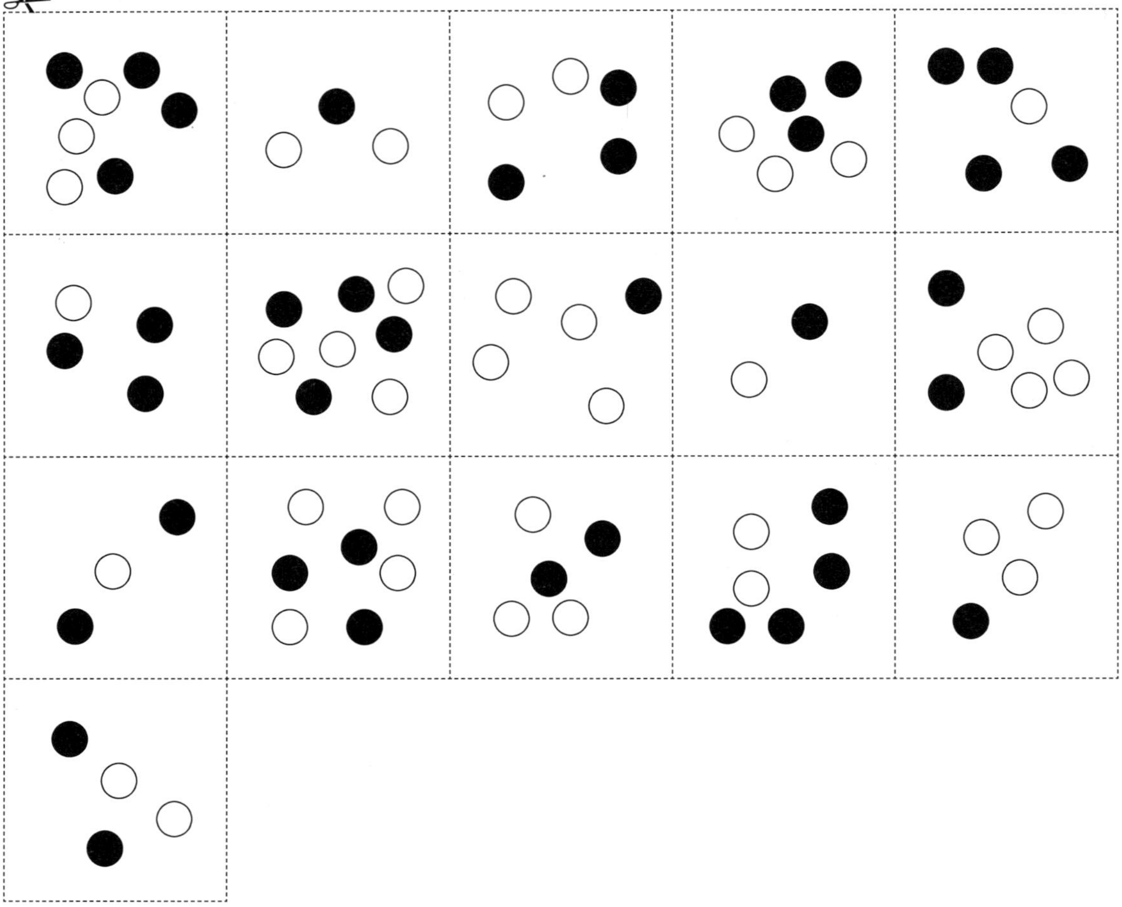

3 + 4	2 + 1	4 + 3	1 + 2	1 + 1
4 + 4	3 + 2	2 + 3	3 + 1	4 + 1
2 + 2	1 + 3	4 + 2	3 + 3	2 + 4
1 + 4				

Klebe die Bildkarten an die richtige Stelle.

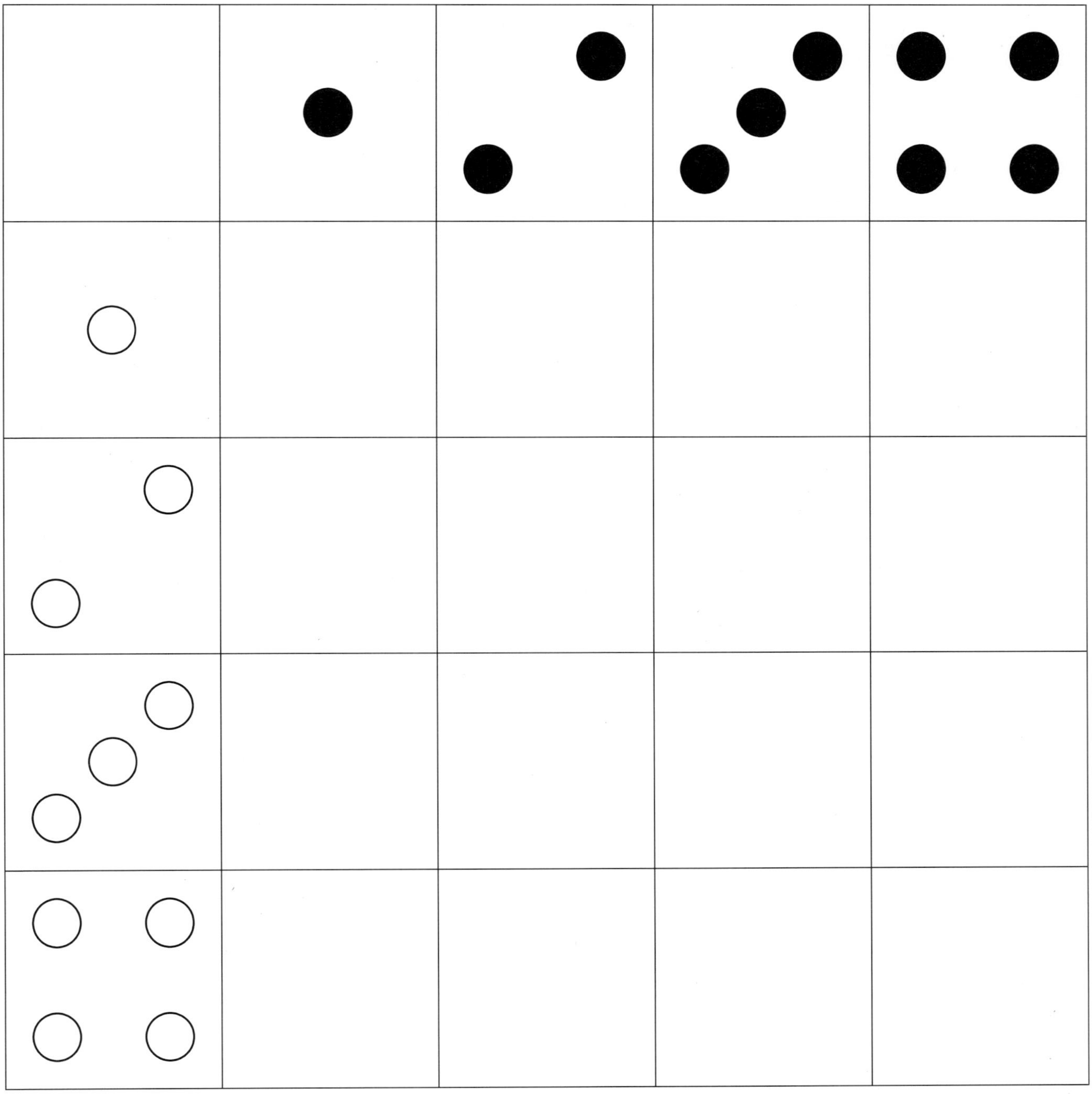

Schneide die Puzzleteile aus.

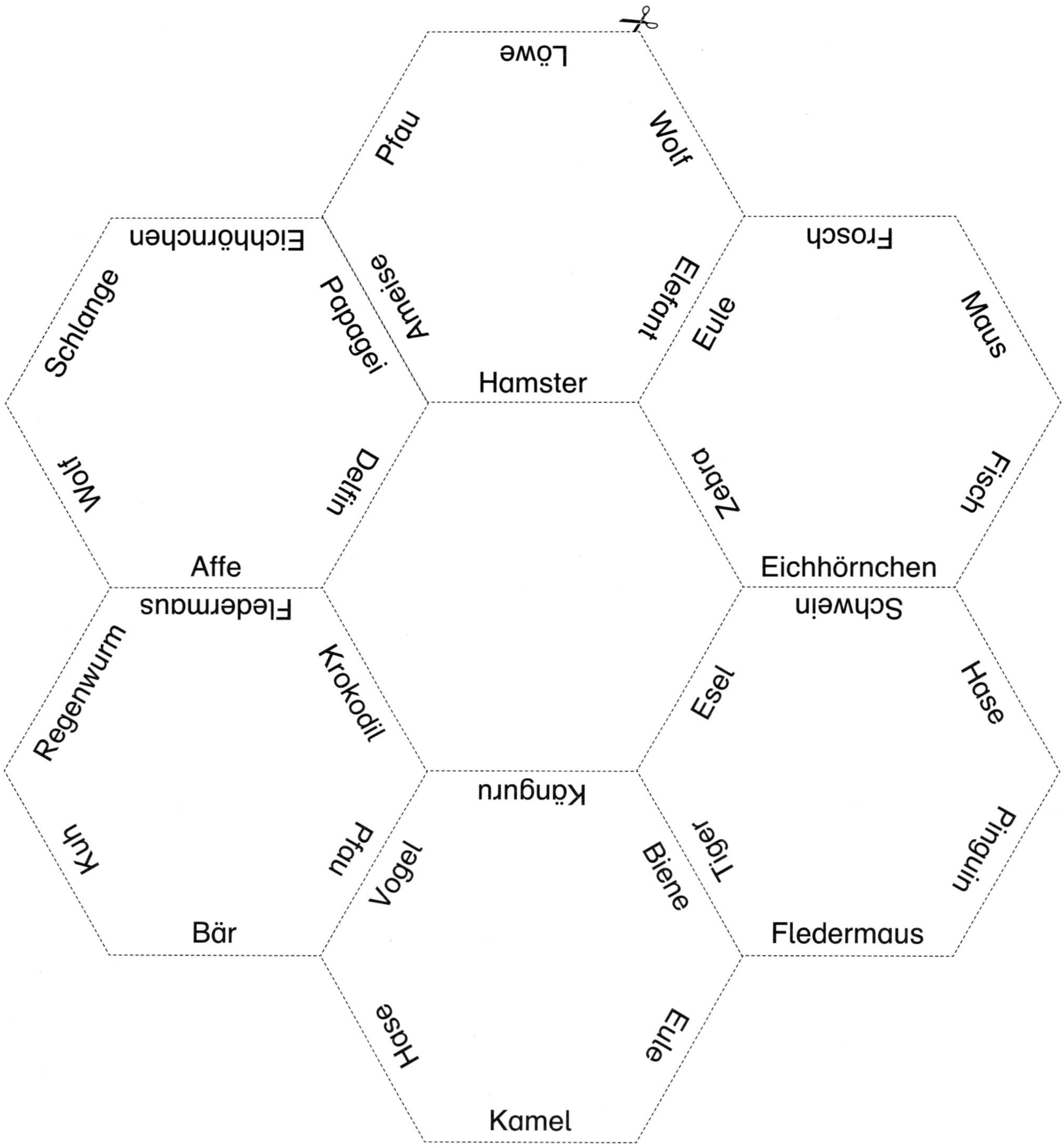

Lege das Puzzle richtig zusammen.

Achtung: Es dürfen immer nur gleiche Tiernamen aneinander gelegt werden!

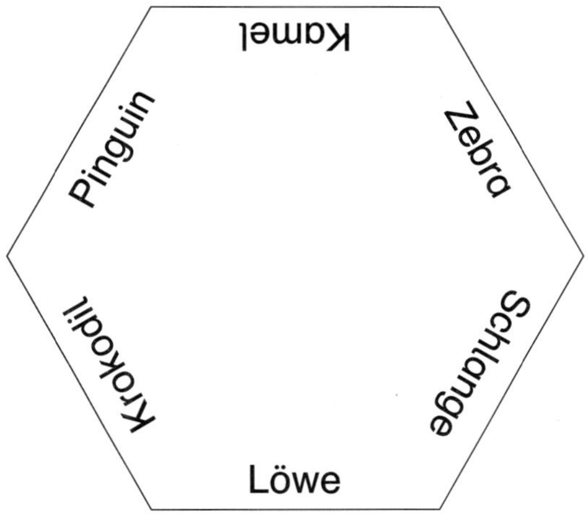

Schneide die Puzzleteile aus.

Lege das Puzzle richtig zusammen.

Achtung: Es dürfen immer nur gleiche Tiernamen aneinander gelegt werden!

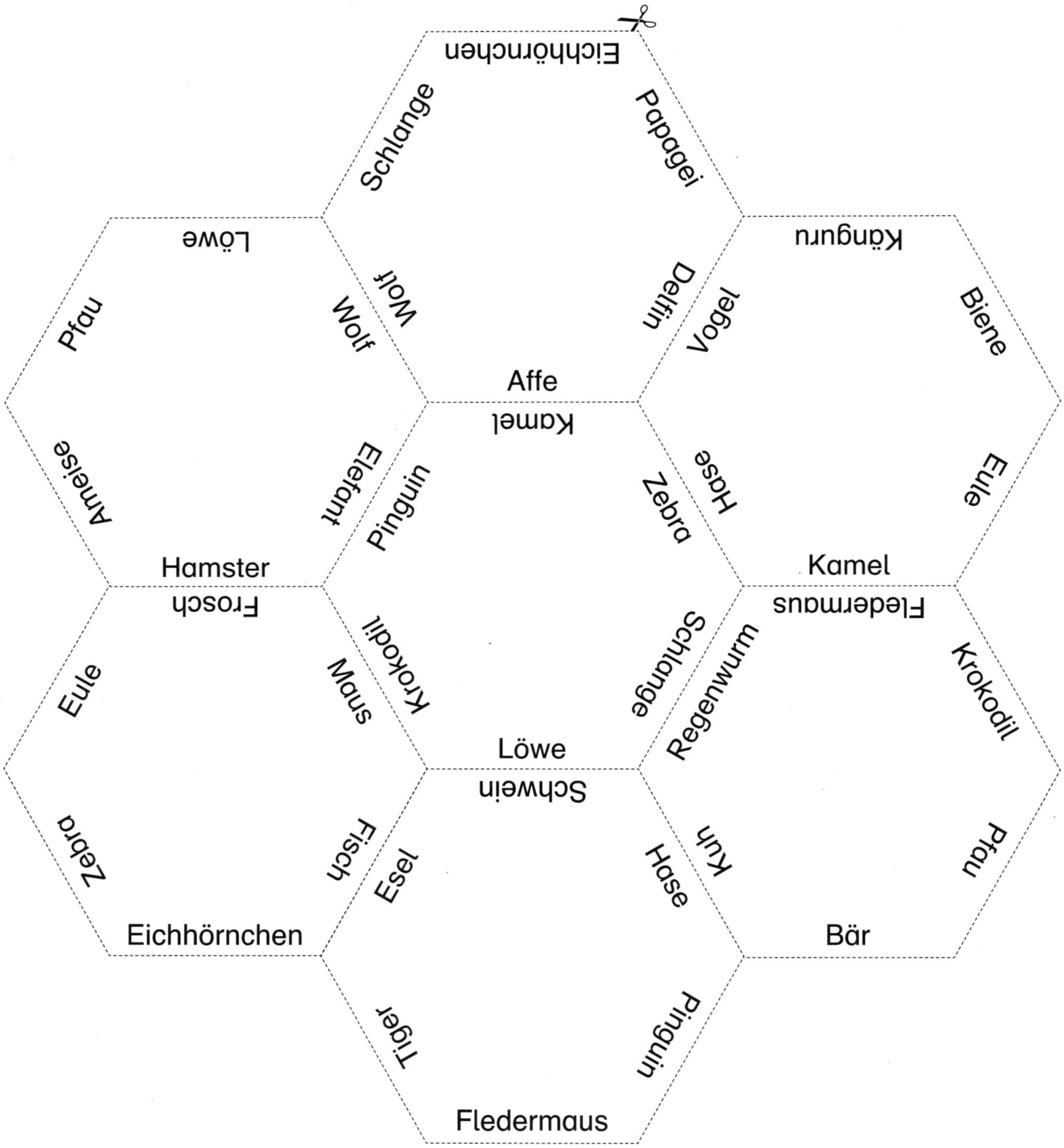

2 Nummeriere die Bildteile in der richtigen Reihenfolge.

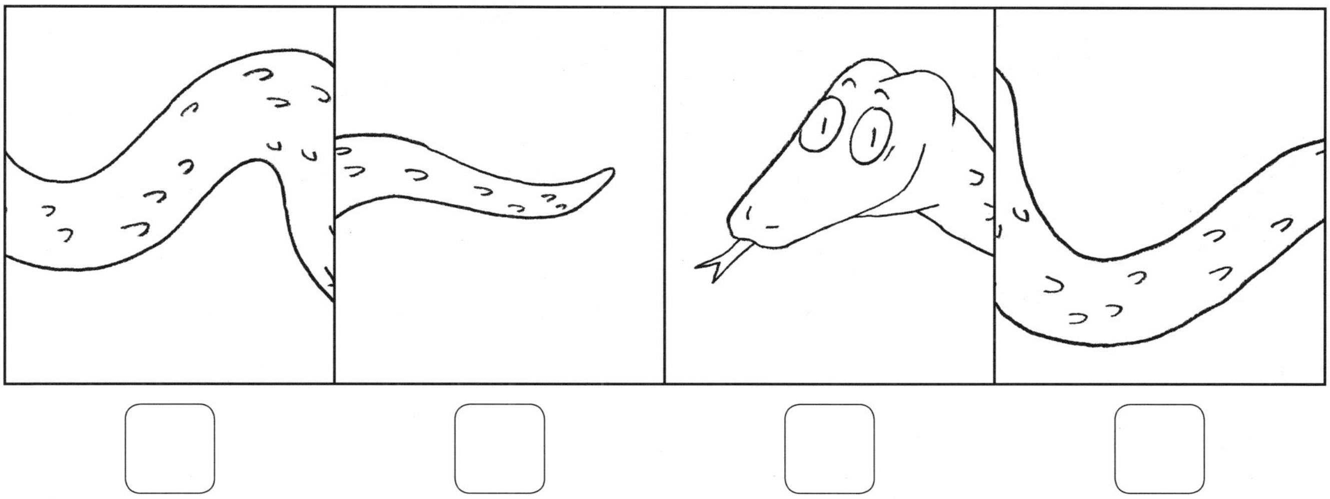

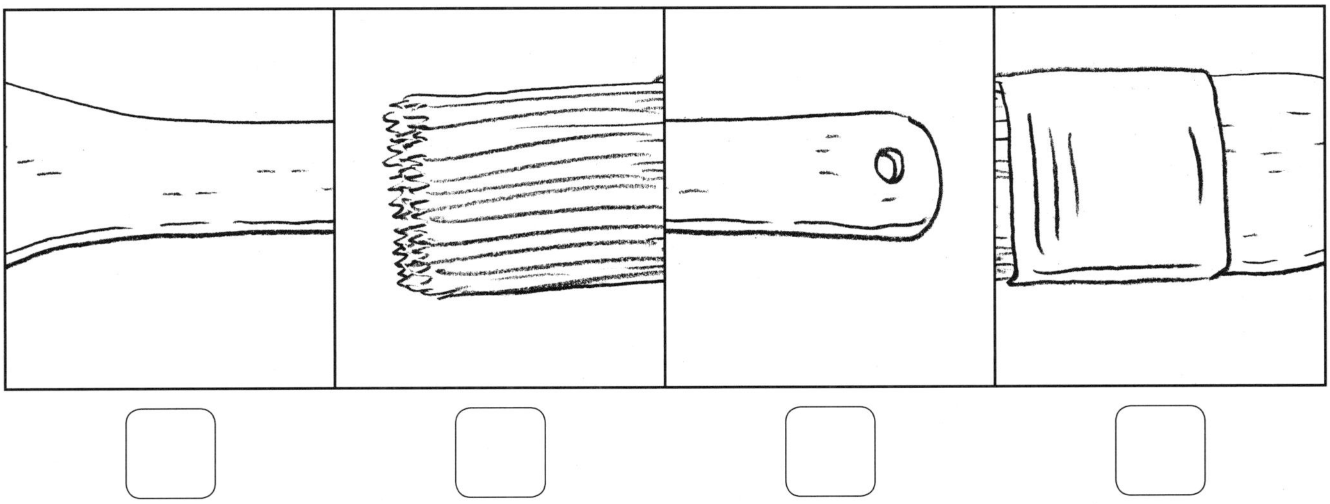

2 Nummeriere die Schritte in der richtigen Reihenfolge.

Finde das vorgegebene Wort. Kreise es ein.

OMA

MOA

AMO

AOM

AMO

AOM

WAO

MAO

OMA

OWA

MOA

OMA

AMO

OMA

OWA

OWA

WOA

OAM

OMA

Finde das Wort zum Bild. Kreise es ein.

MUNLUHUMTGHUNDFLI

PBAUMLUABBWAUBMA

GLDILDELIGELFPTGLIILEI

TOTOAUKODWMAUTOO

GALASATASALATMKASAL

SCHITISCHIFFSCHILNTISCHI

Finde die Wörter aus dem Kasten. Kreise sie ein.

Salat	Mond	Tasse
Dose	Eis	
Gabel	Auto	

G	T	I	N	A	E	N	S
E	I	S	O	U	D	U	B
O	W	N	L	T	O	N	D
L	S	S	G	O	Z	T	O
G	A	B	E	L	S	I	S
I	L	E	K	H	D	G	E
T	A	S	S	E	O	F	M
L	T	F	M	O	N	D	A

Finde die Wörter zu den Bildern. Kreise sie ein.

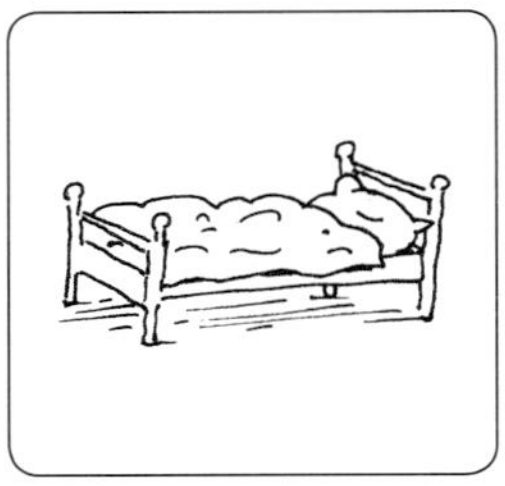

T	K	B	I	N	I	B	S
I	L	A	L	A	Z	E	W
S	O	N	N	E	K	T	I
C	R	A	H	O	M	T	U
H	S	N	I	L	B	N	K
U	H	E	Z	H	A	U	S
W	U	T	O	X	U	L	A
M	P	B	L	U	M	E	T

Finde die 7 Tiernamen. Kreise sie ein.

Schreibe sie auf.

A	K	E	Z	G	M	A	P
F	I	S	C	H	N	S	I
F	S	E	T	O	A	F	N
E	F	L	H	K	S	Z	G
W	L	A	M	A	L	B	U
O	D	K	O	M	E	T	I
P	T	I	G	E	R	M	N
B	E	G	L	L	W	K	O

Schreibe die Schüttelwörter auf.

i a
P t
r

e
r u e
F

B e
m
u
l

c a
s
F h
e l

i
f c
h f
S

P
l i
e
s n

Schreibe die Schüttelwörter auf.

Schüttelwörter zum Thema Farben:

e g l b	u b r a n	r h c w s a z
______	______	______

Schüttelwörter zum Thema Obst:

i w i K	n n e B a a	i r n B e
______	______	______

Schüttelwörter zum Thema Kleidung:

a e k J c	S h h c u e	e ü z M t
______	______	______

Bilde möglichst viele Wörter. Schreibe sie auf.

Achtung:
Verwende nur die Buchstaben aus der Wolke!
Nicht alle Buchstaben müssen in einem Wort vorkommen!
Die Buchstaben dürfen in einem Wort mehrfach vorkommen!

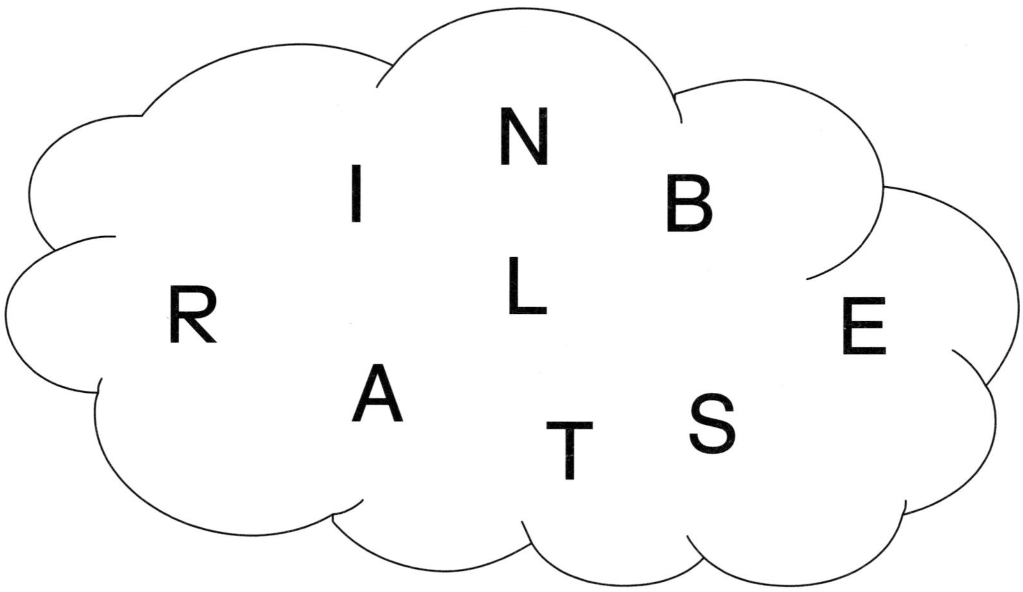

Löse die Kreuzworträtsel. Schreibe die Lösungswörter auf.

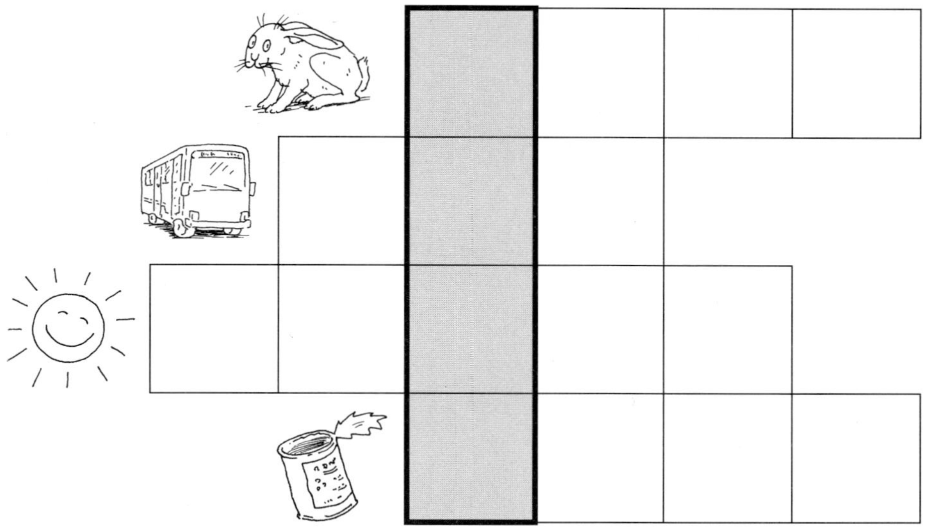

BUS – DOSE – HASE – SONNE

Lösung: ______________________

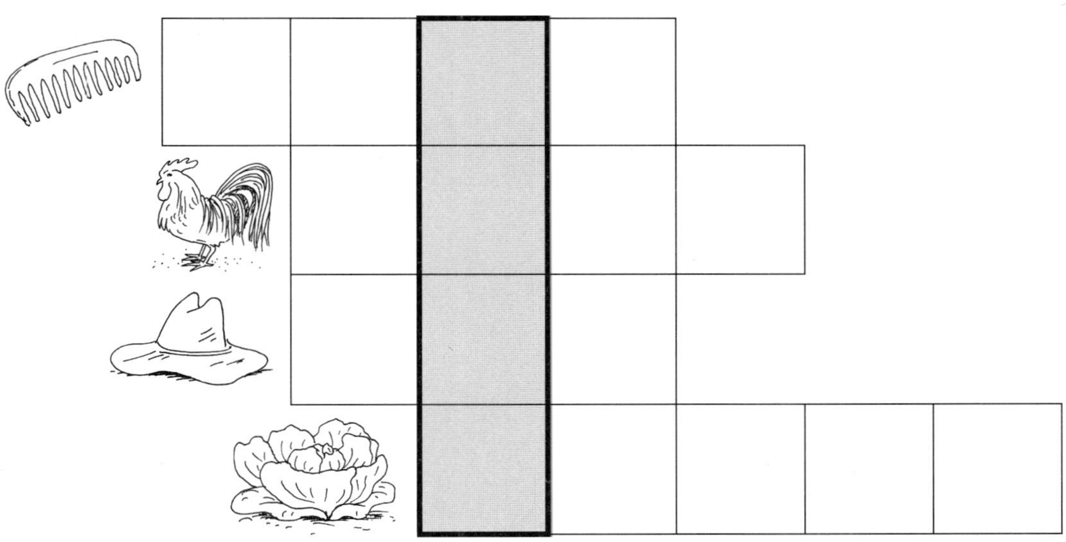

HAHN – HUT – KAMM – SALAT

Lösung: ______________________

Löse die Kreuzworträtsel. Schreibe die Lösungswörter auf.

AFFE – BALL – ESEL – KUH – OMA

Lösung: ______________________

AUTO – BOOT – EIS – MOND – TOR

Lösung: ______________________

Löse das Kreuzworträtsel.
Trage die Antworten in die Kästchen ein.
Schreibe das Lösungswort auf.

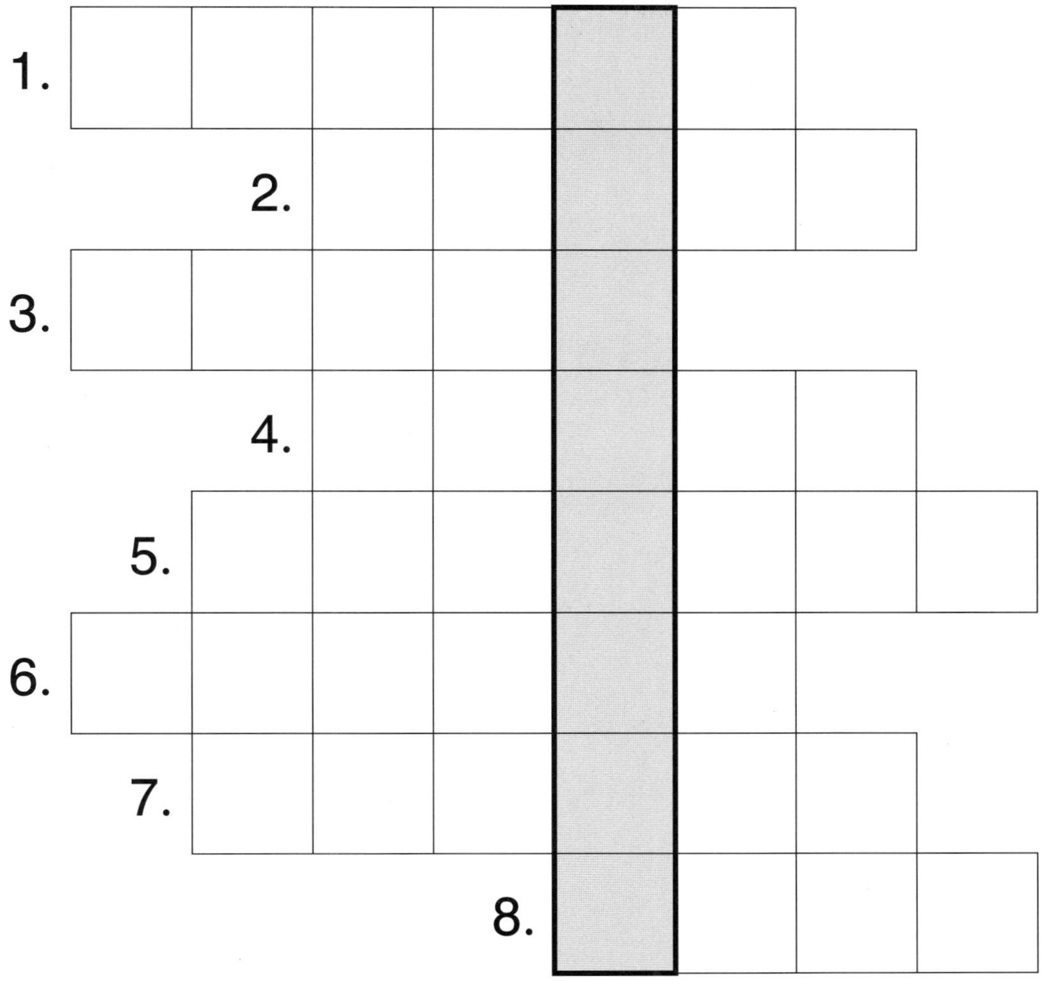

1. Sie ist gelb und krumm. Man kann sie essen.
2. Das braucht man zum Schreiben.
3. Löffel, Messer und …
4. Was ist das? Bei Rot stehen, bei Grün gehen.
5. Ein großes, graues Tier mit Rüssel.
6. Es ist weiß. Im Winter fällt es vom Himmel.
7. In der Nacht sieht man davon viele am Himmel.
8. Jedes Haus hat oben ein …

Lösung: ______________________

Trenne die Wörter durch Striche.

Schreibe die Sätze richtig ab.

OmabackteinenKuchen.

OpaarbeitetimGarten.

HeutescheintdieSonne.

LukasmachtseineHausaufgaben.

TinaundSarahsingeneinLied.

DieKatzekletterraufdenBaum.

DieHexefliegtaufihremBesen.

IndemBuchstehentolleGeschichten.

Bringe die Wörter in die richtige Reihenfolge.
Schreibe die Sätze richtig auf.

laut Hund Der bellt
Jonas Gitarre gerne spielt
ein Buch liest gutes Lisa
Firat fährt Fahrrad dem mit
auf Tom Zimmer sein räumt
ins geht Kino Emil

Suche die unten abgebildeten Gegenstände.

Zähle sie und schreibe die Zahl auf.

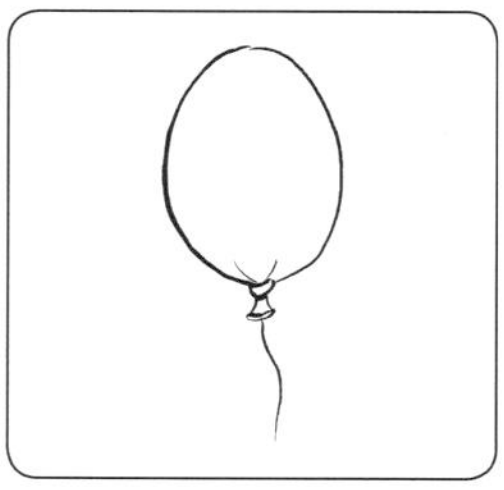

Male nur die Käfer mit **3** Punkten rot an.

Verbinde die Kreise mit den gleichen Mengen.

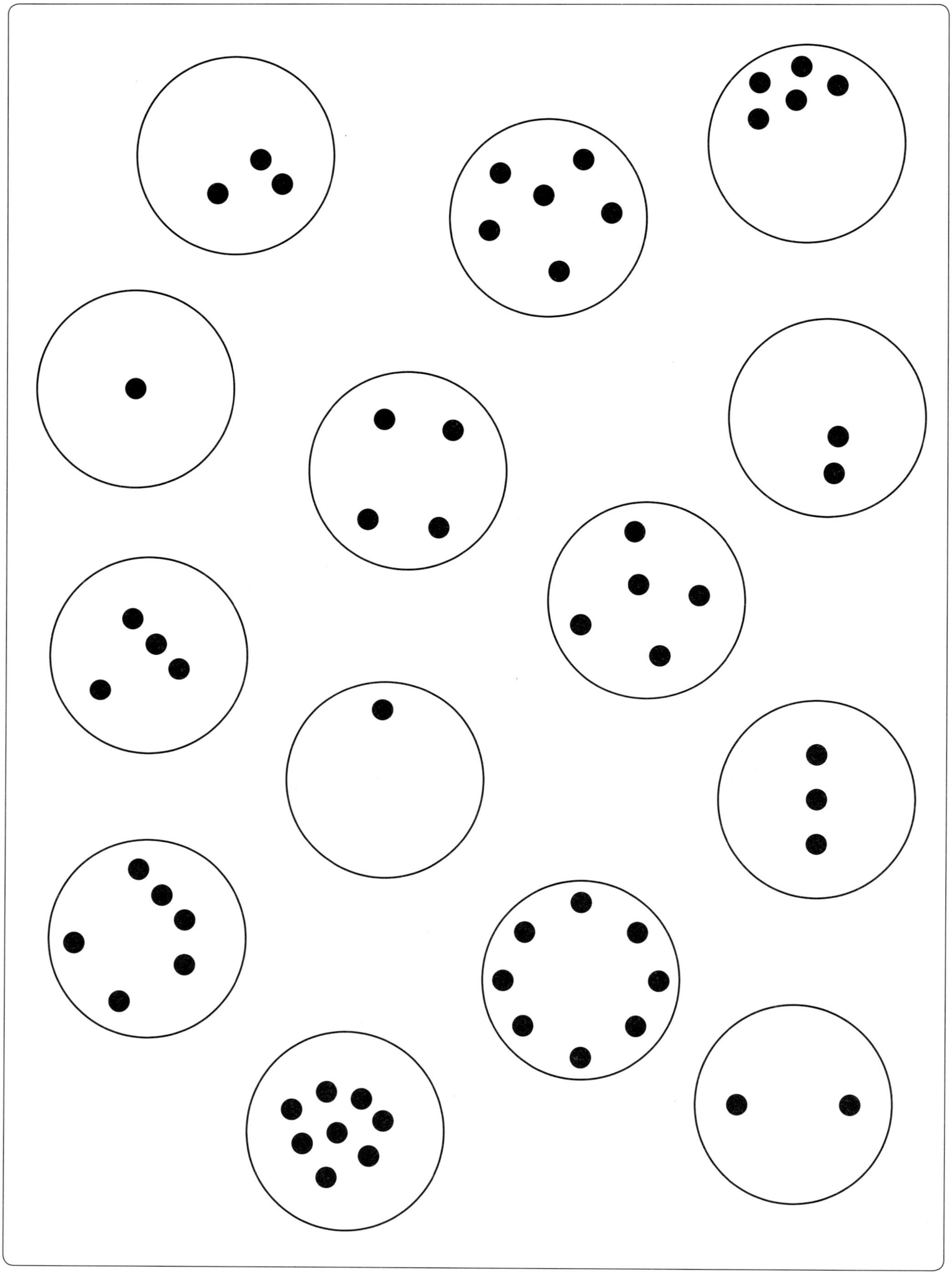

Schneide die Bildkarten aus.

Klebe sie passend auf.

Achtung: Jedes Bild darf pro Spalte und Reihe nur einmal vorkommen!

Schneide die Bildkarten aus.

Klebe sie passend auf.

Achtung: Jedes Bild darf pro Spalte und Reihe nur einmal vorkommen!

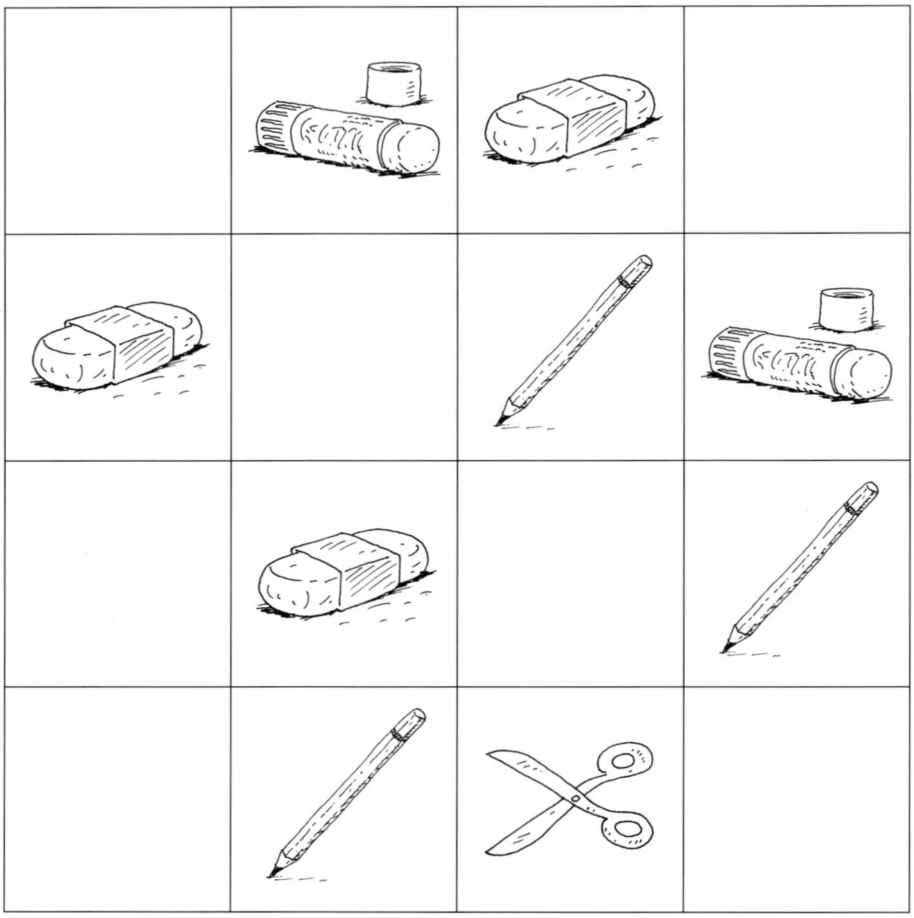

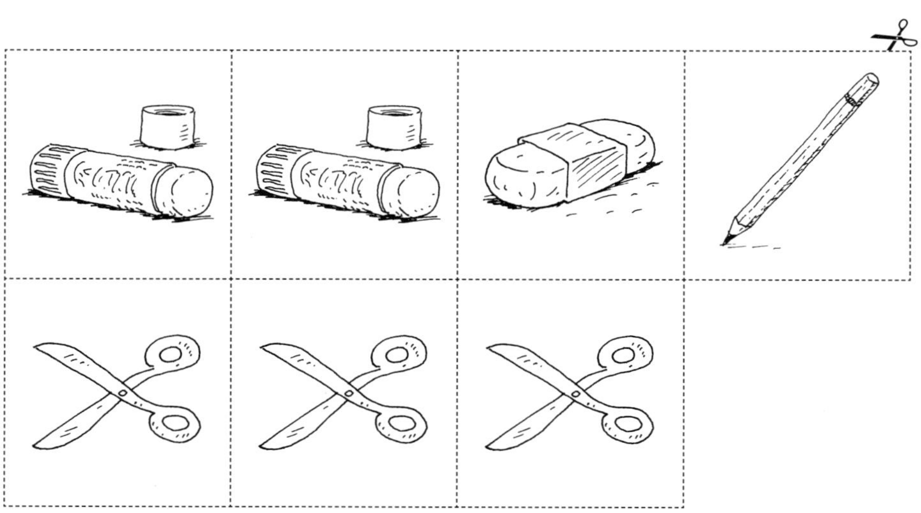

Trage die Zahlen von 1 bis 4 in die leeren Kästen ein.

Achtung: Jede Zahl muss pro Spalte und Reihe genau einmal vorkommen!

1			
	2		1
	4	1	
2			3

Schreibe die Rechenaufgaben zu den Bildausschnitten auf.
Rechne die Aufgaben aus.

+	10	4	3	5	1	7
9						
5						
2						
8						

____

____

____

____

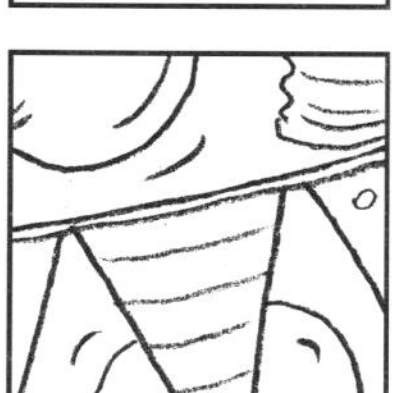
____

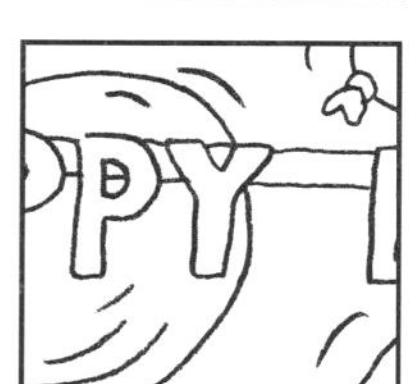
____

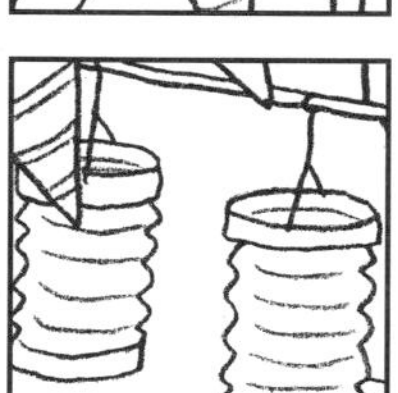
____

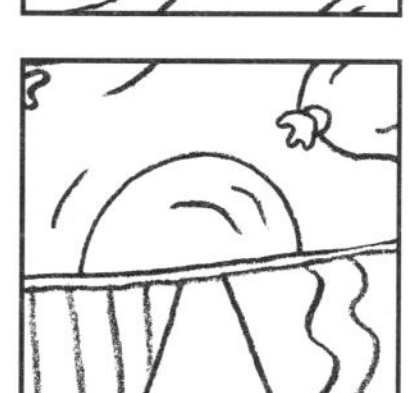
____

Male die Felder an, die zu den Rechenaufgaben passen.

9 + 5	7 + 2	9 + 0
6 + 4	10 + 8	7 + 10

Male die Felder mit dem entsprechenden Ergebnis an.

20	13	8	7	16

+	0	4	2	8	5	10
9						
7						
6						
10						

Verbinde die Rechenaufgaben, die das gleiche Ergebnis haben.

20 – 11	13 – 2
8 + 5	3 + 15
20 – 8	3 + 6
6 + 12	5 + 7
2 + 9	20 – 1
13 + 6	17 – 4

Ergänze die Zahlenreihen.

Ergänze die Zahlen auf den Eulen.

① Die Ziffern sollen addiert (+) 18 ergeben.

② Die Ziffern sollen eine Zahlenfolge ergeben.
Addiert (+) sollen die Ziffern die Zahl 22 ergeben.

③ Finde die erste Zahl. Rechne dann der Reihe nach.
Das Ergebnis soll 11 sein.

①

②

③

Welche Zahl versteckt sich hinter welchem Bild?
Trage die Zahlen ein.

 +  = 

 +  = 4

 −  = 

 +  = 10

 −  = 

 +  = 7

 +  = 8

1			

Welche Zahl versteckt sich hinter welchem Bild?
Trage die Zahlen ein.

 +  = 

 + 2 = 12

 +  = 

 –  = 15

 +  = 6

13 +  = 

 –  –  = 

Löse die Knobelaufgaben.
Trage jeweils die Zahlen von 1 bis 5 in die Kästchen ein.

Achtung: Jede Zahl darf immer nur einmal vorkommen!

① In der Reihe und der Spalte sollen die Zahlen addiert (+) jeweils **8** ergeben.

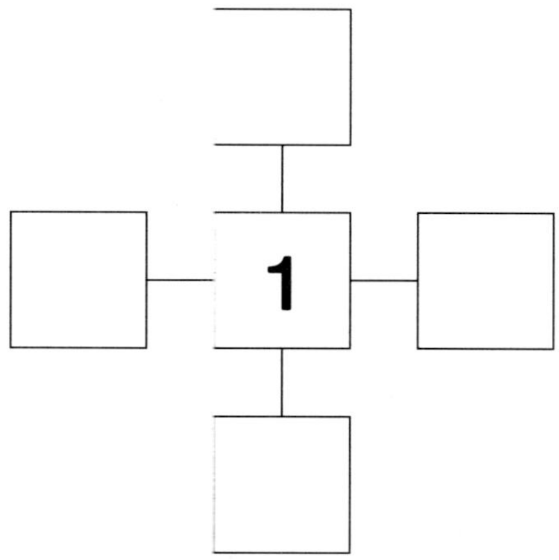

② In der Reihe und der Spalte sollen die Zahlen addiert (+) jeweils **9** ergeben.

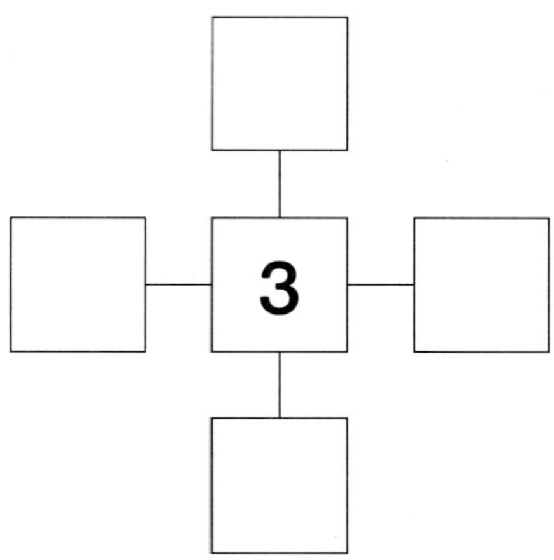

③ In der Reihe und der Spalte sollen die Zahlen addiert (+) jeweils **10** ergeben.

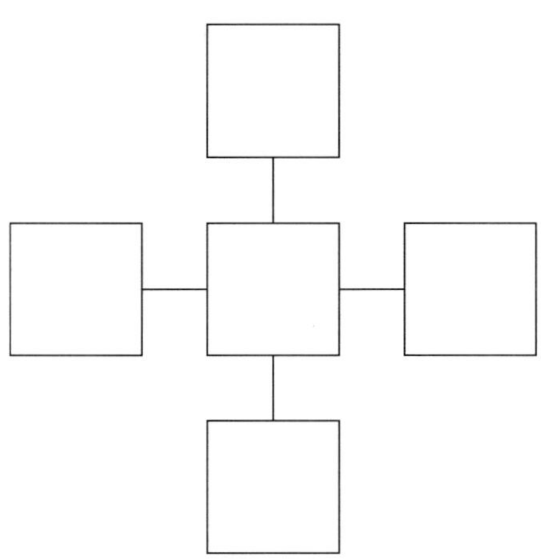

Löse die Knobelaufgaben.
Trage die drei vorgegebenen Zahlen in die leeren Kästchen ein.

Achtung: In jeder Zeile und in jeder Spalte muss beim Addieren (+) das vorgegebene Ergebnis herauskommen!

		3
	4	
5		

Ergebnis immer:
12

		7
	6	
5		

Ergebnis immer:
18

		9
	8	
7		

Ergebnis immer:
24

Löse die Knobelaufgaben.
Schreibe das Ergebnis auf.

1. Tim liest ein spannendes Buch. Er ist schon auf Seite 60. Wie oft kam bisher die Ziffer 5 bei den Seitenzahlen vor? ____________________

2. Ich suche eine Zahl:
Sie ist zweistellig. Wenn du beide Stellen addierst (+) erhältst du 3. Die Zahl ist größer als 22 und kleiner als 40. ____________________

3. Ich suche eine Zahl:
Sie ist zweistellig. Wenn du beide Stellen addierst (+) erhältst du 10. Die Zahl ist kleiner als 50 und größer als 40. ____________________

4. Ich suche eine Zahl:
Sie ist die größte zweistellige Zahl, bei der eine Ziffer gerade und eine Ziffer ungerade ist.

____

5. Ich suche eine Zahl:
Sie ist die kleinste zweistellige Zahl, die zwei gerade Ziffern hat und größer als 10 ist.

____

3. Weitere Konzentrationsübungen

Neben der Arbeit mit Arbeitsblättern bietet gerade der Bereich der Konzentrationsförderung eine Vielzahl an Spielmöglichkeiten, die mit der gesamten Klasse oder in Kleingruppen durchgeführt werden können. Spiele haben den Vorteil, dass sie von den Schülern oft nicht als gezielte Übungen wahrgenommen werden und daher meist die Motivation und Anstrengungsbereitschaft der Schüler erhöht ist. Kinder können so gemeinsam, mit Spaß und zum Teil in Bewegung ohne aufkommenden Leistungsdruck ihre Konzentrationsfähigkeit und Gedächtnisleistung trainieren.

Anlässe zur Förderung der Konzentration im Unterrichtsalltag:

- *Gedächtnisübungen im Schulalltag:* Hierzu gehören klassische Aufgabenformate wie z. B. das Kopfrechen im Mathematikunterricht, das Auswendiglernen von Gedichten oder das Üben von Zungenbrechern. Darüber hinaus können auch allseits bekannte Spiele wie Memory oder Kim-Spiele durchgeführt werden.

- *Spielestunde:* Eine große Anzahl an Gesellschaftsspielen für Kinder verlangen nicht nur spielerisches Glück, sondern ebenfalls Ausdauer, Konzentration und strategisches Denken auf unterschiedlichsten Niveaustufen.

- *Ruhe und Stille:* Trotz aller Übungen und Anregungen zur Förderung der Aufmerksamkeit ist auch die Entspannung ein Teil der Konzentration. Somit können auch Stilleübungen, wie Meditationen, Fantasiereisen, etc. konzentrationsfördernd wirken.

Spiele zur Förderung der Konzentration:

- ***Memory-Spiele***

Anzahl der Spieler:	2–6
Benötigte Materialien:	Memorykarten (Bildpaare) zu verschiedenen Themen und Inhalten

Memoryspiele sind zu verschiedenen (schulischen) Inhalten auf unterschiedlichen Niveaustufen möglich (z. B. Bild – Bild, Bild – Wort, Bild – kurzer Text, Wort – Wort, Menge – Zahl, Rechenaufgabe – Ergebnis u. v. m.)

- ***Kim-Spiele***

Anzahl der Spieler:	1–gesamte Klasse
Benötigte Materialien:	Alltagsgegenstände/Materialien aus dem Klassenraum

Einige Gegenstände liegen auf einem Tisch. Die Kinder sollen nun versuchen sich diese zu merken (ca. 30 Sekunden). Dann werden die Gegenstände mit einem Tuch abgedeckt. Nun sollen die Schüler versuchen alle Gegenstände aufzuzählen.

Variante: Anstatt alle Gegenstände aufzählen zu lassen, kann eine kleine Veränderung vorgenommen werden. Es wird z. B. ein Gegenstand weggenommen oder ein anderer hinzugefügt. Nun sollen die Schüler sagen, was fehlt, was hinzugekommen ist oder was sich verändert hat.

- ***Ich packe meinen Koffer***

Anzahl der Spieler:	2–gesamte Klasse
Benötigte Materialien:	keine

Die Kinder der Klasse setzen sich in einen Stuhlkreis. Ein Schüler beginnt das Spiel mit dem Satz „Ich packe meinen Koffer und nehme … mit“. Es dürfen beliebige Gegenstände genannt werden. Als nächstes ist der Nachbar dieses Schülers an der Reihe und sagt ebenfalls die Worte „Ich packe meinen Koffer und nehme (an dieser Stelle wiederholt er das zuvor Gesagte) und … (fügt selbst noch einen Gegenstand hinzu) mit“. Der nächste Schüler muss sich nun schon an zwei Gegenstände erinnern und einen neuen hinzufügen.

Variante: Wenn die Kinder nicht schon wieder ihren Koffer packen wollen, bringen kleine Veränderungen wie z. B. „Ich gehe zum Markt und kaufe …“, „Bald ist Weihnachten und auf meinen Wunschzettel schreibe ich …“ oft neue Motivation mit sich.

- ***Fangen und Merken***

Anzahl der Spieler:	6–10
Benötigte Materialien:	Ball

Die Schüler sollen sich in einem Kreis aufstellen. Ein Kind hat einen Ball. Bevor es diesen wirft, nennt es seinen Namen und eine Zahl (oder eine Farbe / ein Tier / ein Hobby / das Lieblingsessen / …). Das Kind, das den Ball fängt, wiederholt den Namen des Werfers sowie die genannte Zahl, nennt dann seinen eigenen Namen und eine andere Zahl und wirft den Ball weiter. Der Fänger wiederholt das Gesagte des Werfers und ergänzt dann seinen Namen usw.

- ***In meinem Element***

Anzahl der Spieler:	gesamte Klasse
Benötigte Materialien:	keine

Die Lehrkraft oder ein Kind nennt eines der drei Elemente „Luft“, „Wasser“ oder „Erde“. Nun muss der Rest der Klasse sich schnell überlegen, welches Tier in diesem Element lebt. Derjenige, der eine Idee hat, darf diese in die Klasse rufen. Ist das Gerufene richtig, darf dieses Kind als nächstes eines der drei Elemente nennen. Auch wenn die drei Elemente immer wieder vorkommen, die Tiere dürfen nicht doppelt genannt werden.

Variante: Die Klasse spielt das oben beschriebene Spiel mit einer Antwortkette. Nachdem ein Element benannt worden ist, nennt der erste Schüler ein Tier. Im Anschluss daran nennt der Sitznachbar unmittelbar das nächste Tier, ebenfalls im Hinblick auf das gleiche Element usw. Derjenige, dem kein Tier mehr einfällt oder der ein falsches Tier nennt, scheidet aus. Ein neues (ggf. auch wieder das gleiche) Element wird benannt und die Reihe im Kreis wird immer weiter fortgesetzt, wobei die zuvor genannten Tiere nicht wiederholt werden dürfen, solange bis ein Klassensieger ermittelt ist.

- ***Eine unendliche Geschichte***

Anzahl der Spieler:	2–gesamte Klasse
Benötigte Materialien:	keine

Diese Übung funktioniert ähnlich wie das Spiel „Ich packe meinen Koffer“, nur wird hier auf einen einleitenden Satz verzichtet. Auch das Aneinanderreihen einzelner Gegenstände fällt weg, dafür soll gemeinschaftlich eine Geschichte erzählt werden. Am besten sitzen die Schüler dazu im Sitzkreis. Ein Schüler beginnt mit einem beliebigen Wort. Der Nachbar wiederholt das erste Wort und ergänzt ein sinnvolles zweites Wort (z. B. „Ich …“; „Ich ging …“; „Ich ging in …“; „Ich ging in einen …“; „Ich ging in einen dunklen …“), sodass nach und nach eine Geschichte entsteht.

- ***Ein Wort – ein Satz***

Anzahl der Spieler:	1–gesamte Klasse
Benötigte Materialien:	keine

Die Lehrkraft oder ein Schüler gibt ein relativ kurzes Wort vor (z. B. Dose). Aus den einzelnen Buchstaben dieses Wortes soll nun ein Satz gebildet werden, wobei die Anfangsbuchstaben der einzelnen Wörter mit den Buchstaben des Wortes in richtiger Reihenfolge übereinstimmen müssen (z. B. Der Osterhase sammelt Erdbeeren.). Die Sätze können inhaltlich Quatschsätze sein, sollten aber einen korrekten Satzbau haben.

- ***Brainstorming***

Anzahl der Spieler:	gesamte Klasse (3–4 Kinder pro Gruppe)
Benötigte Materialien:	pro Gruppe ein Plakat, Stifte

Auch ein klassisches Brainstorming kann als Konzentrationsübung dienen. Den Kindern wird je nach aktuellem Unterrichtsthema oder als freies Thema ein Oberbegriff genannt. Sie sollen dann in kleinen Gruppen (3–4 Kinder) ein Plakat beschriften, in dessen Mitte der Oberbegriff (z. B. Geisterstunde, Auf dem Bauernhof, Urlaub, …) geschrieben steht. Die Kinder dürfen frei assoziieren, was ihnen zu diesem Thema einfällt und es auf das Plakat schreiben.

- ***Gegenstände erfühlen***

Anzahl der Spieler:	1–gesamte Klasse
Benötigte Materialien:	Alltagsgegenstände/Materialien aus dem Klassenraum, blickdichter Beutel

Auch die Konzentration auf taktile Reize ist eine gute Übung. In einem Beutel befinden sich ca. fünf verschiedene Gegenstände. Ein Schüler soll hineingreifen, sich auf einen Gegenstand konzentrieren, diesen ertasten und schließlich benennen.

- ***Stille Post***

Anzahl der Spieler:	4–gesamte Klasse
Benötigte Materialien:	keine

Die Kinder der Klasse setzen sich in einen Stuhlkreis möglichst nahe aneinander. Ein Kind schickt ein Wort auf die Reise, indem es seinem Nachbarn ein Wort ins Ohr flüstert. Dieser gibt nun das Gehörte an seinen nächsten Nachbarn weiter usw. Der Mitspieler der zuletzt an der Reihe ist, darf das Wort, das bei ihm angekommen ist, laut sagen. Schwieriger wird es, wenn die Wörter länger oder mehrere Wörter bzw. kürzere Sätze weitergesagt werden müssen.

- ***Wo tickt es?***

Anzahl der Spieler:	gesamte Klasse
Benötigte Materialien:	tickender Wecker oder Eieruhr

Ein Wecker wird im Klassenraum versteckt. Ein Kind, das zuvor den Raum verlassen hat, wird wieder hinein geholt und muss sich, während alle andere Kinder ganz leise sind, auf das Ticken des Weckers konzentrieren, um diesen zu finden.

- ***Im Takt gehen***

Anzahl der Spieler:	gesamte Klasse
Benötigte Materialien:	Trommel (Es kann auch geklatscht oder auf den Tisch geklopft werden.)

Die Lehrkraft oder ein Schüler spielt auf einem Instrument (z. B. Trommel) einen möglichst gleichbleibenden Takt. Die anderen Kinder bewegen sich frei durch den Klassenraum oder über den Schulhof, wobei sie versuchen sollen ihre Schritte dem Takt anzupassen.

Variation: Hat die Gruppe sich in den vorgegebenen Takt eingefunden, kann dieser verlangsamt werden oder aber auch schneller gespielt werden. Die Kinder sollen sich dem auditiven Reiz mit ihrer Bewegung anpassen. Eine weitere Möglichkeit bietet die Pause. Pausiert derjenige, der das Instrument spielt, müssen alle anderen in ihrer Bewegung innehalten und dürfen sich erst weiterbewegen, wenn der Takt wieder gespielt wird.

- ***Trommelschläge zählen***

Anzahl der Spieler:	gesamte Klasse
Benötigte Materialien:	Trommel (es kann auch geklatscht oder auf den Tisch geklopft werden), pro Kind Stift und Zettel

Ein Schüler oder die Lehrkraft schlägt nacheinander einige Male auf eine Trommel. Die Kinder sollen lautlos mitzählen und die gezählten Trommelschläge als Punkte auf einem Zettel notieren (z. B. in vorgegebene Kästchen o. Ä.). Im Anschluss ist ein anderes Kind an der Reihe. Es sollte darauf geachtet werden, dass die Trommelschläge nicht den bisher bekannten Zahlenraum überschreiten. Bei größeren Zahlen (maximal im Zahlenraum bis 20) können die gezählten Trommelschläge auch als Ziffern notiert werden.

- ***Wer oder Was bin ich?***

Anzahl der Spieler:	gesamte Klasse
Benötigte Materialien:	keine

Während ein Kind (oder auch ein Team aus zwei bis drei Kindern) den Klassenraum verlässt, überlegt sich der Rest der Klasse ein Tier, eine berühmte Person oder eine Figur aus Büchern oder dem Fernsehen. Dann wird das Kind zurück in die Klasse geholt. Über Fragen, die nur mit „ja" oder „nein" von der Klasse beantwortet werden dürfen, soll das Kind nun herausfinden, um welche Person oder welches Tier es sich handelt. Hat es einen Verdacht, darf es diesen äußern.

- ***Alles rückwärts***

Anzahl der Spieler:	gesamte Klasse
Benötigte Materialien:	keine

Diese ganz einfache Übung ist ohne Vorbereitungsaufwand oder viel Platz durchzuführen. Die Schüler erhalten verschiedene Aufgaben, bei denen sie z. B. das Alphabet oder verschiedene Einmaleins-Reihen rückwärts aufsagen sollen. Auch das Buchstabieren einfacher Worte von hinten nach vorne ist hier eine gute Möglichkeit.

- ***Würfelrechnen***

Anzahl der Spieler:	gesamte Klasse in Kleingruppen aufgeteilt
Benötigte Materialien:	pro Gruppe ein Würfel, evtl. pro Gruppe Zettel und Stift

Die Klasse wird in mehrere Kleingruppen aufgeteilt. Die Kinder jeder Gruppe stellen sich in einer Reihe hintereinander auf. Derjenige, der vorne steht, würfelt (Am besten eignen sich für diese Aufgabe große Schaumstoffwürfel. Ansonsten kann aber auch im Sitzen am Tisch gespielt werden). Er nennt nun laut die gewürfelte Zahl und stellt sich hinten wieder an. Das Kind, das als nächstes würfelt addiert nun die gewürfelte Augenzahl zu der bereits genannten und nennt das Ergebnis laut, bevor es sich ebenfalls wieder hinten anstellt. Derjenige, der als nächstes würfelt, addiert zu dem vorherigen Ergebnis ebenfalls wieder die neu gewürfelte Augenzahl usw.

Variante: Auf ein Blatt Papier wird ein Hochhaus aufgemalt (z. B. mit zehn Fenstern untereinander). Die jeweiligen Rechenergebnisse der unterschiedlichen Gruppen sollen von unten nach oben in die Fenster eingetragen werden. Welche Gruppe endet nach zehn Würfeldurchgängen mit der höchsten (oder auch niedrigsten) Zahl?

- ***Glückszahl***

Anzahl der Spieler:	2–3/gesamte Klasse (Es können mehrere Gruppen parallel spielen.)
Benötigte Materialien:	pro Pärchen ein Würfel, evtl. Würfelbecher

Diese Übung wird in Partnerarbeit (evtl. mit einem zusätzlichen Kind als Schiedsrichter) durchgeführt. Es wird ein Würfel benötigt. Noch spannender ist es für die Kinder, wenn mit einem Würfelbecher gewürfelt wird. Vorab wird eine Glückszahl vereinbart. Ein Spieler beginnt nun zu würfeln. Er darf solange würfeln, wie er möchte. Nach jedem Wurf werden die Augenzahlen addiert. Ziel ist es, die vereinbarte Glückszahl zu erreichen. Diese kann je nach Zahlenraum und Rechenfähigkeit der Schüler beliebig variiert werden. Immer wenn eine „6" gewürfelt wird, verfallen die bisher gesammelten Punkte und der Spieler beginnt wieder bei 0. Ein Spieler kann aber seinen Wurf auch abgeben und behält die bis dahin erwürfelten Punkte. Dann ist sein Spielpartner an der Reihe. Auch er versucht, möglichst nah an die vereinbarte Glückszahl heranzukommen, aber auch nicht zu viel zu riskieren. Die Spieler entscheiden selbst, wie oft sie hintereinander würfeln und wann sie den Würfel an den anderen abgeben. Es gewinnt derjenige, der zuerst genau die Glückszahl oder mehr Punkte erwürfelt.